中等职业教育示范建设课程改革创新系列教材
中职中专特色项目系列教材

职业生涯规划

张俊亮　徐　丹　编著

科学出版社
北　京

内 容 简 介

本书旨在让学生了解职业生涯规划的基本知识，学会规划方法，培养职业素质，促进学生自我学习、自我发展，提高职业能力、就业竞争力。全书包括“职业生涯规划概述”、“自我分析”、“环境分析”、“确定目标”、“实施行动”、“职业生涯管理”、“行动中的准备”七个章节及附录。

本书内容通俗易懂，容易操作，适宜作为中职学校学生的教材或读本。

图书在版编目(CIP)数据

职业生涯规划/张俊亮，徐丹编著. —北京：科学出版社，2015

（中等职业教育示范建设课程改革创新系列教材·中职中专特色项目系列教材）

ISBN 978-7-03-045184-2

Ⅰ. ①职… Ⅱ. ①张… ②徐… Ⅲ. ①职业选择-中等专业学校-教材 Ⅳ. ①G717.38

中国版本图书馆 CIP 数据核字（2015）第 155239 号

责任编辑：苑文环 金 金 / 责任校对：王万红
责任印制：吕春珉 / 封面设计：耕者设计工作室

科学出版社出版
北京东黄城根北街 16 号
邮政编码：100717
http://www.sciencep.com
三河市骏杰印刷有限公司印刷
科学出版社发行 各地新华书店经销
*
2015 年 9 月第 一 版 开本：787×1092 1/16
2021 年 4 月第四次印刷 印张：5 3/4
字数：122 000

定价：25.00 元

（如有印装质量问题，我社负责调换〈骏杰〉）
销售部电话 010-62134988 编辑部电话 010-62135397-2001

前　言

每个人都希望自己有一个理想的职业，成功的人生，如何更好地实现呢？具有多年教学经验的一线教师，通过采访学生、走访企业、深入调研，认为事业的成功不仅需要一定的专业知识和能力，也需要择业的技巧、职业生涯规划的能力。因此，明确职业发展目标、树立自主学习意识、培养职业核心能力、分析职业环境及规划职业发展路径是在校学生必须掌握的基本能力。

为了加强和改进中等职业学校德育课教学工作，进一步增强德育课教学的针对性、时效性和时代性，提高职业教育的教学质量，教育部于 2008 年 12 月颁布了中等职业学校《职业生涯规划教学大纲》，将“职业生涯规划”列为职业学校德育课的必修课，并将蒋乃平主编，高等教育出版社出版的《职业生涯规划》作为全国统一使用的教材。椒江职业中专在使用该教材时发现，虽然它着力于提升学生职业素养、职业能力，运用通俗易懂的语言，图文并茂地呈现相关的知识和内容，但是比较偏向理论。基于这种情况，加上椒江职业中专一直倡导教育教学要为学生的职业生涯奠定基础，所以一线教师萌发出编写适合椒江职业中专实际情况的、针对性强的本土的职业生涯规划教材的想法。

作者围绕一个人应该如何规划自己的职业生涯的思路，将本书编写内容确定为了解职业生涯规划及重要性、学会自我分析和环境分析、树立职业发展目标、规划职业发展步骤、实施行动及进行职业生涯规划自我调整和管理。作者在编写本书的过程中，以椒江职业中专数控专业学生的职业生涯规划案例为线索，结合当地区域、行业及职场环境特色进行理论联系实际的详细解说，通俗易懂，可读性和可操作性极强。

本书由张俊亮、徐丹编著，参编人员有张文萍、孙丽苹、王卫青和俞敏等，由张俊亮统稿。一些概念性的、程序性的、测试类的内容，作者参考了有关专著、报刊和网络资源，在此对这些作者表示感谢。

由于作者的水平有限，本书的编写缘由、体例安排及取材均来源于椒江职业中专的专业实际，故仅供参考，企盼同仁提出建设性的意见，以便再版时修改、完善。

张俊亮

2015 年 1 月

目　　录

第一章 职业生涯规划概述

第一节 职业生涯规划的概念

职业生涯故事

王建进入椒江职业中专后，选择了数控专业。刚到学校的他，感觉校园的一切都很新奇，新同学、新老师、新专业，特别是专业课的学习安排中有到实训大楼实习工场车间实习的课程，自己动手进行一些零部件的加工。王建非常喜欢数控专业，在班级里学习认真，工作积极主动。这时候，学校开展了每年一次的职业生涯规划大赛，大赛通知分发到每个班级。班主任在班级里进行大赛动员，号召每位学生积极参加，认真准备。王建想参加职业生涯规划大赛，他知道做事情如果有计划，那么将会更加顺利地完成，少走或者避免走弯路。王建虽然不是很了解什么是职业生涯规划，但是他认为，职业生涯规划就是对未来自己的职业发展制订计划，这是一件很重要的事，“凡事预则立，不预则废”。所以王建开始了对职业生涯规划知识的进一步了解。

一、职业生涯规划的含义

《庄子·养生主》：“吾生也有涯。”这说明人的一生是有边际、限度的。规划是指对未来整体性、长期性、基本性问题的思考和设计，是对未来更好发展的行动方案设计。职业生涯是人的一生中最重要的历程，生涯规划是成就美好人生的一把钥匙。生涯是个人终其一生所扮演角色的整个过程，生涯的发展是以人为中心的。生涯通常指的是职业生涯，即一个人在就业领域所经历的一系列岗位、工作或职业，以及相关的态度、价值观、愿望等的连续的过程。从广义上讲，生涯是人们在某一特定领域的发展轨迹，如教育生涯、艺术生涯等。

职业生涯规划，是指一个人对自己的职业生涯的规划与管理，是根据社会经济发展的需要、就业形势、本人的实际情况（兴趣、性格、能力和价值观等），确定其最佳的职业奋斗目标，并为实现这一目标作出行之有效的安排。职业生涯规划根据立场不同可以分为两类：个体职业生涯规划和员工职业生涯规划。对于在校学生来说，要设计的是个体职业生涯规划。

个体职业生涯规划不是一个单纯的概念，它和个体所处的家庭、组织及社会存在密切的关系。

职业生涯规划由分析发展条件（自我评估和环境评估）、确立职业目标、构建发展阶段、制定发展措施和生涯自我管理四个环节组成，所有环节都围绕着如何让自己的职业生涯获得最大的发展，收获事业和人生的成功。其中，分析发展条件是基础，确立职业目标是关键，有无具体的阶段目标是职业生涯设计优劣的重要标志。围绕目标的实现，制定具体措施和办法，并进行时间安排，这是职业生涯设计的重要内容。

二、中职生进行职业生涯规划的必要性

在当今迅速变化的社会环境中，中职生普遍对职业生涯存在困惑：自己能做什么？自己想做什么？自己适合做什么？社会需要什么样的人？怎样才能获得自己喜欢的工作机会？大多数学生都在困惑中摸索，有的学生父母在他们毕业前就帮他们确定好了，真正能科学自主定向的人却很少。从这个意义上看，了解职业生涯规划的有关内容，掌握生涯规划的基本要素和方法，应该成为每个中职学生的必修课。

职业生涯规划教育是联系实际的价值观教育和理想教育，职业生涯规划活动将伴随我们的大半生，拥有成功的职业生涯才能成就完美人生。

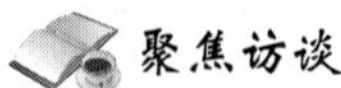
聚焦访谈

大家谈一谈：你为什么选择职业学校和现在学习的这个专业？除了以下几个原因外，还有什么原因？

1）中考失利：由于考试成绩不理想或学习差，无可奈何进入职业学校。

2）省心省事：选择与自己认为最容易从事的职业有关的专业。希望学习时不费劲，工作后也不会太辛苦。

3）盲目从众：跟随热点，很多同学选择某个专业，盲目随大流，或同学选择了哪个专业，自己也选择该专业。

4）拜金主义：哪个行业挣钱多，就学习相关的专业。

5）无奈之选：自己的考试成绩决定了自己只能选择现在所学及相关专业学习。

回忆一下，自己在升高一报名时有过类似的想法吗？进入学校已学习了一段时间，现在是否有了新的想法？

1. 职业生涯规划让自己更有动力，增强个人实力，挖掘潜能

戴高乐曾经说过：“眼睛所看到的地方就是你会到达的地方。伟人之所以伟大，是因为他们决心要做出伟大的事。”因此，要使自己的人生精彩，首先应给自己制定一个明确的理想，它有足够的难度，但又有足够的吸引力。进行职业生涯规划和实践锻炼，能够激发学生的内驱力，使每个学生的遗传素质得到充分发展，获得当今社会所需要的各种品质。世上没有十全十美的人，每个人都有自己的缺点，如果你愿意在成长的过程中克服自己的缺点，并为此全力以赴，那么你就可能获得成功。

2. 职业生涯规划可以增强发展的目的性与计划性，提升成功的机会

“凡事预则立，不预则废”，职业生涯发展要有计划、有目的，不可盲目地“撞大运”，很多时候我们的职业生涯受挫就是由于生涯规划没有做好。好的规划是成功的开始，这样可以使你学会如何运用科学的方法采取可行的步骤与措施，不断增强你的职业竞争力，实现自己的职业目标与理想。

3. 职业生涯规划可以适应社会需要，提升应对竞争的能力

当今社会处在变革的时代，到处充满着激烈的竞争。要想在这场激烈的竞争中脱颖而出并立于不败之地，必须设计好自己的职业生涯规划，这样才能做到心中有数，不打“无准备之仗”。

4. 职业生涯规划可以发掘自我潜能，增强个人实力

一份行之有效的职业生涯规划有以下几个作用。

1）提升个人实力，获得长期职业发展优势。

2）突破生活的格线，塑造清新充实的自我。

3）准确评价个人特点和强项。

4）评估个人目标和现状的差距。

5）准确定位职业方向。

6）重新认识自身的价值并使其增值。

7）了解就业市场，科学合理地选择行业和职业。

8）增强职业竞争力。

9）加快适应工作的速度，提高工作满意度，使事业成功最大化。

10）扬长避短，发挥职业竞争力。

职业生涯规划案例

现在的社会是一个竞争的社会，不是超越别人就是被别人超越。“爱拼才会赢”，只有奋力拼搏才能使自己在职场上立于不败之地。

如果我是鱼，大海将是我人生的归宿；

如果我是鸟，蓝天将是我人生的归宿；

我是中专学生，职场将是我人生最好的归宿！

如何在职场中如鱼得水？

我不是天才，我深知“笨鸟先飞”。

所以要想飞得高、飞得远，我就要提前考虑今后的人生道路、提前做好规划、提前行动。

“成功总是青睐有准备的人”，设计职业生涯很有必要，因此我制定了职业生涯规划……

我的职业生涯规划

1）填写表1-1，并在班内统计各选项的比例。

表 1-1　在校生职业生涯设计意识调查

选项	是	否	占班级的比例		备注
			答“是”的比例	答“否”的比例	
你所读的专业是否是自己选择的					
你是否对所学的专业比较了解					
你是否思考过自己未来的职业					
你是否根据自己的职业目标制订了学习计划					
你是否了解职业生涯规划					
你是否对自己未来的职业有规划					

2）制订职业生涯规划的理由是什么？

第二节　职业生涯规划的理念和步骤

职业生涯故事

王建明白了职业生涯规划的重要性，但是不知道该如何去设计，用什么方法设计。他发挥了自己自学能力强的特点，开始利用搜索引擎在网上查询。同时，他咨询了德育老师。通过阅读资料，加上老师的分析，他逐渐理解了设计职业生涯规划的流程。他觉得写一份职业生涯规划书是一项比较大的工程，要从比较全面的角度去设计自己未来的人生。

一、职业生涯规划的理念

一个人的职业生涯是从他进入职场工作直到退出职场的一个长期的连续的过程，因此需要制订者设计一套程序来保证职业生涯规划的顺利实施。

如何设计呢？从“职业生涯”的字义来剖析设计职业生涯规划时要注意以下几个关键点：职，可以理解为职务、职位；业，可以理解为行业、专业、公司；生，就是生计，本质是“收入”，是人从事职业最终的目的；涯，是时间、时段，说明不同的经历最终要落实在人的某一个年龄或时间段。

这种通过逐字分析来进行解释的方法，虽然不规范，但是能够清晰揭示出学生学习的最终目的就是走向职场，已经在职场的人士努力工作的目的就是谋生存求发展。求职人员在职场发展过程中一定会注重两点，即收入与职务。

在设计职业目标的时候，是注重选行业、专业，还是选公司？是定位于某种工作内容或者职务的兴趣，还是为了高经济收入或者是比较稳定的生活方式？在“公司”要素中，选择什么样的公司也是需要考虑的。

我们理解了职业生涯规划目的是更好地在职场中发展，那么接下来要做的是怎么样去设计的问题了。

二、职业生涯规划的步骤

一般情况下，职业生涯规划制定者需要了解自己“能够做什么？适合做什么？需要做什么？想成为什么样的人？怎么样达成”五个问题。其中前两个问题需要做自我评估，准确分析自己适合做的工作；第三个问题需要做环境分析，以了解社会需要与企业需要，使求职成功；第四个问题关系到一个人的志向，与制定者内心的成功欲望有关，是需要靠努力行动去实现的；最后一个问题涉及制定者需要采取具体的措施去分阶段达成目标。

在自我评估部分，制定者分析自己的性格、兴趣、态度、价值观等，确认自己喜欢在哪种类型的环境下从事工作。同时，根据自己当前的兴趣、知识及能力与期望的工作之间存在的差距来确定提升和改善的需求。

在环境分析部分，对家庭环境、学校环境、区域环境、行业环境和企业环境等进行分析，目的是了解社会、企业需要什么样的人才，结合自我分析，增强职能匹配度，对职业发展的规划和实现充满信心。

在了解自己适合做什么和能够做什么的基础上，就可确定明确的职业发展目标，然后确定向哪条路线发展，如技术路线、管理路线、“技术＋管理”路线，或者创业。发展路线不同，要求也不同。因此，必须对发展路线作出抉择，以便及时调整自己的学习、工作，采取各种行动实现职业目标。

为了激励自己，可以选择一个你最欣赏的成功人士，描述他所取得的最高成就。将他的人生经历中所折射出来的品质、能力、态度、价值观等作为能量来源，鞭策自己。

目标的完成时间跨度大，所以要分阶段去完成。在实施阶段，要写明每一阶段具体做什么，如学习内容、经验积累、能力锻炼、条件完善、达到的目标等。

随着时间的推移，人的思想、能力、价值观及环境都会发生改变，这时候原来制订的计划需要及时调整，还有一些原有的目标没有及时完成，需要进行分析，找出未完成的原因及发展障碍，采取对策去解决。这些都需要职业生涯的调整或管理。

一个人只要做好准备，当机遇来临时，就一定能够抓住。原先规划的目标，通过自己不懈的努力，也一定能够达成。职业生涯设计思路见图 1-1。

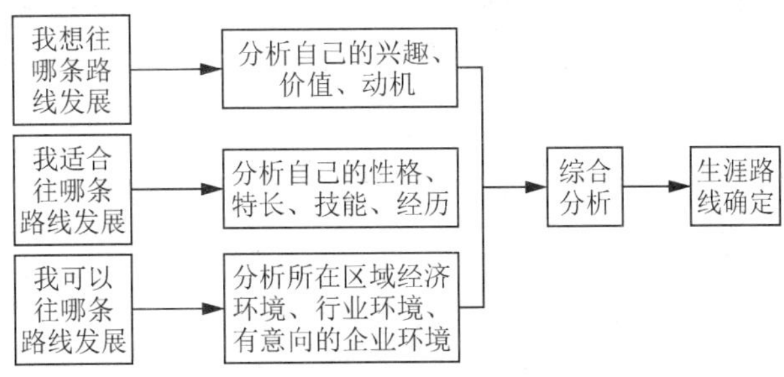

图 1-1　职业生涯设计思路

职业生涯规划案例

我通过网络查询、参考相关资料，加上咨询老师有关问题，初步明确了职业生涯规划的步骤。我觉得应该遵循图 1-2 的思路。

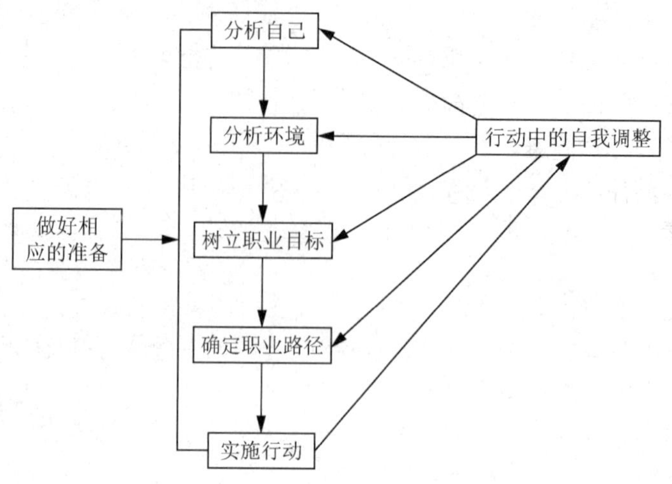

图 1-2　职业生涯规划的思路

我的职业生涯规划

写出你所理解的生涯规划的步骤。

第三节　影响职业生涯的因素

职业生涯故事

王建知道职业生涯规划的重要性，也明白一个人要想成功很难，需要付出很多的努力。他更想了解影响一个人成功的因素，因为这直接关系到职业生涯目标制定、采取的措施及达成目标的概率。于是他开始对周围同学、老师、亲戚、朋友等群体的关于影响成功因素的调查。

一、成功的条件

我们不能够决定自己的出身、相貌，却可以在人生的道路上通过自己的努力不断地进步。每个人都希望取得成功，都希望拥有地位、金钱、权威和尊严，实现自身价值。但是很多人不知道哪些因素影响成功。以下罗列了一些可能影响成功的因素，大家可以对照一下，自己具备的优势因素是什么，如果不具备又该怎么办。据统计，以下因素可能影响到一个人的成功：学历、经验、专业、技术、能力、金钱、关系、机会、外貌、吃苦耐劳、冒险、服从、敬业、责任、执着、坚持、踏实肯干、耐力、发展的潜力、品德、外貌、长相、年龄、性格、背景、健康、价值观、机会、背景、人际关系、敬业精神、综合素质、肯吃苦、肯吃亏和承受力等。

在以上这些因素中，我们根据是否是个人能够决定和影响的因素划分为以下两大类。

第一是主观条件，也就是独有的，是可以靠自己不断努力地学习工作，不断地积累改进来提高完善的，如健康、耐力、学历、经验等。

第二是客观条件，本身就具备，他人很难模仿和具备的，如背景、父母等；或者是都在寻找的因素，如关系。

虽然我们无法改变背景，但是要走向成功，每个人都已经具备大部分条件，或者是自己能够具备的。很多人没有留意过这个问题。这样就容易使人们产生一个错觉，就是每一个人在职业生涯的思考过程中有悲观的感觉，“我之所以不成功是因为条件不行，所以我不成功是应该的，是正常的”。

通过分析得出结论：绝大部分条件是每个人已经拥有和能够拥有的；少数人没有的条件，可以去寻找。所以大家拼的是态度。为了成功，你准备好了没有？

二、舒适区

什么叫舒适区？每个人都会有一个区域，在这里会觉得很舒服。一旦离开了这个区域，就会觉得不舒服。举一个例子来说明这个问题：冬天开着空调睡觉，但是突然断电了，请问在被窝里舒服还是被窝外舒服？肯定是被窝里舒服。为什么呢？因为被窝里形成了一个舒适区，被窝外不是舒适区。

又如，上班和领工资哪个舒服？当然领工资舒服。那么是不是可以这样理解，30天领一次工资，人们就不舒服29天，只舒服一天？是否可以假设为一天可以领30次工资舒服，可能吗？

每个人在进行职业生涯规划时，都会给自己设定一个新的目标。在起点的附近位置，人们相对会舒适，但是在从起点到目标点的过程中，要做很多事情、克服困难，这时候，如果选择离开舒适区，走向新的目标，那么当目标达成后，人们的舒适区会变大。不断地达成目标，那么舒适区就会越来越大。

如果不愿意离开舒适区，那么不但达不到新目标，原有的舒适区还会被别人分割。同样的机会来了，别人抓住了你没抓住。所以不管是个人，还是企业、单位，舒适区的危害是致命的。

三、发挥潜能

假设有一副担子重50斤，另外一副担子重100斤，挑每副担子所给的价格都是100元。这时选择一副担子挑1000米，你会选择哪副担子？

大多数人的第一反应和真实选择是挑50斤的。我们很容易进入一个可怕的陷阱，那就是埋没自己的潜能。因为当你选择50斤的担子时，时间一长，别人就会觉得你的能力只有50斤，甚至你都会觉得自己的能力不过如此。其结果是使得绝大部分的人庸庸碌碌过一生，无法取得成功。

很多时候绝大多数人不愿意付出，不肯吃亏。如果选择挑100斤的，表面上看是有一点吃亏，但是如果一直这样做下去，既显示了自己的才能，又展示了自己的潜能。这样，单位的管理者、同事就会发现你的特质，发现你对于工作、对于社会、对于企业的态度，你才有可能获得发展的空间。所以，越是缓慢的回报往往越是大的回报。

但是事实上，选择挑50斤的人居多数，长期下去，就会埋没人们的潜力，而这些人就被定位为只能挑轻担，不能挑重担，很容易被他人取代。

职业生涯规划案例

经过与不同的人进行关于影响成功的因素的沟通，以及阅读励志的书籍，我明白了不能改变自己的身份、背景、家庭现状和经济状况，因为这不是我所能改变的。但是我可以通过现在的努力，积极进取，努力学习和工作，用汗水来创造美好的明天，最终改变家庭状况，成就自己的事业。

我的职业生涯规划

1）找出周围不同身份级别的人，进行关于影响成功的因素的访谈，并填入表1-2。

表1-2　关于影响成功的因素的访谈

访谈时间	访谈对象	访谈的观点	备注

2）结合访谈，将自己对于影响成功因素的理解写下来。

第二章 自我分析

第一节 性　　格

职业生涯故事

王建觉得自己不是一个能主动与人沟通的人，但是非常愿意和别人分享观点，前提是有人主动提出话题；同学们很愿意与他交往，认为他是一个真诚、随和、乐于助人的人；老师们认为他是一个认真的人，学习、工作都踏实。王建觉得这还不是自己性格的全部，他有必要全面认识自己，包括来自同学、朋友、老师、家长及其他人对自己的认识。通过利用一些心理测量表，可以从更深层面了解自己。

一、性格的含义

心理学家认为，性格是指表现在人对现实的态度和相应的行为方式中的比较稳定的、具有核心意义的个性心理特征。每个人在社会中都扮演着很多角色。例如，在家是父母的孩子，在学校是老师的学生，在同学面前是同学，在朋友面前是朋友，我们发现，在我们担任这些角色的时候，每个人的表现是不同的，有在家乖巧的孩子，有在家惹人生气的孩子，也有沉默不语的孩子，这时候孩子的角色表现就体现出性格特征，是内向还是外向，是活泼还是忧郁。每个人在不同角色面前的不同表现综合起来就是他的性格。所以性格的内涵非常丰富，基本上包括一言一行、对人和事的反应。

因此，想要认清自己的性格特征，应该在进行自我分析的基础上，询问亲友，如父母、老师、同学和好友等，也可以询问你所在的特殊团体（如学生社团、兴趣班等）的成员，获得他们对你的性格认识，这样的性格分析才是全面的，但是缺点是客观性不足。因此，想要客观地分析自己的性格，还需要借助于一些心理量表。

二、性格的分类

虽然每个人的外在表现是不同的，但是心理学家发现有些人在某些方面的表现是相似的，因此，心理学家根据这些相似表现将人的性格进行分类。目前的分类方法有很多种，本书只介绍一种分类方法——PDP（professional dyna-metric programs，行为特质动态衡量系统）分类法。

PDP 是一种主要针对人才测评的专业系统。这种测评系统根据人的性格特质将人分为五类：支配型、外向型、耐心型、精确型、整合型，并将这些性格特质形象化，分别是老虎（支配型）、孔雀（外向型）、考拉（耐心型）、猫头鹰（精确型）和变色龙（整合型）。

1）老虎（支配型）："老虎"一般企图心强烈，喜欢冒险，个性积极，竞争力强，喜欢掌控全局、发号施令，不喜欢维持现状，行动力强，目标一经确定便会全力以赴。优点是善于控制局面，具有果断地做出决定的能力，一般会取得较高的成就。缺点是决策较专断，不易妥协，故较容易与人发生争执、摩擦；重视迅速地完成工作，易忽视细节，不顾别人的感受。由于他们要求过高，加之好胜的天性，有时会成为工作狂。"老虎"最适合从事开创性与改革性的工作，在开拓市场的时代或需要执行改革的环境中，最容易有出色的表现。

2）孔雀（外向型）："孔雀"热情洋溢，好交朋友，口才流利，重视形象，善于建立人际关系，富有同情心，生性活泼，能够使人兴奋，使他们高效地工作，善于建立同盟或搞好关系来实现目标，适合需要当众表现、引人注目、态度公开的工作及人际导向的工作。工作时喜欢运用快速的手势；面部表情特别丰富；运用有说服力的语言；工作空间里充满了能鼓舞人心的东西。缺点是过于乐观，常无法顾及细节，在执行力度上需要高专业的技术精英来配合。外向型的人天生具有鼓吹理想的特质，在推动新思维、执行某种新使命或推广某项宣传等任务的工作中，都会有极出色的表现。

3）考拉（耐心型）："考拉"属于行事稳健、不夸张、强调务实的人，性情平和，不喜欢制造麻烦，不兴风作浪，温和善良，敦厚随和，行事冷静自持，生活讲求规律但随缘从容，即使面对困境，也能泰然自若。优点是具有高度的耐心，对其他人的感情很敏感，这使他们左右逢源。缺点是很难坚持自己的观点和迅速作出决定。一般说来，他们不喜欢面对与同事意见不和的局面，不愿产生争执。他们和蔼可亲；说话慢条斯理，声音轻柔；运用赞同性、鼓励性的语言；在办公室里喜欢摆家人的照片。适宜做管理工作，在需要专业精密技巧的领域，或在气氛和谐且无时间限制等的职场环境中，他们最能发挥所长。能与周围的人和睦相处，是极佳的人事领导者，适宜从事在企业改革后，为公司和员工重建互信的工作。又由于他们具有高度的耐心，有能力为企业赚取长远的利益，或为公司打好永续经营的基础。

4）猫头鹰（精确型）："猫头鹰"传统而保守，责任感强，重视纪律，分析力强，精确度高，是最佳的品质保证者，喜欢把细节条理化，个性拘谨、含蓄，谨守分寸、忠于职责，但会让人觉得"吹毛求疵"。优点是喜欢找出事情真相，因为他们能耐心仔细关注所有的细节并想出合乎逻辑的解决办法。缺点是把事实和精确度置于感情之前，这会被认为是感情冷漠，有时会钻"牛角尖"。他们很少有面部表情、动作缓慢，使用精确的语言、注意特殊细节，在办公室里挂有图表、统计数字等。以数据和规则为其主导思想，其直觉能力和应变能力都偏低，创造和创新能力也相对弱，因而不宜担任需要具备创建或创新能力的任务，极适合从事事务机构的工作。组织完善和发展安定的企业，宜用猫头鹰型企管人当家。

5）变色龙（整合型）："变色龙"中庸而不极端，不执着，韧性极强，善于沟通，是天生的谈判家，优点是他们能充分融入各种新环境中且适应性良好，懂得凡事看情况、场合；缺点是他人会觉得他们"没有个性"。他们擅长整合内外信息，兼容并蓄，不会与人为敌，以中庸之道处世，处事圆融，弹性极强，处事留有余地，行事绝对不会走极端。由于能密切地融合于各种环境中，他们可以代表企业进行对内对外交流，只要任务确定和目标清楚，他们都能完成任务。

三、性格的测试

下面让我们来测试一下你是老虎、孔雀、考拉、猫头鹰还是变色龙！

本测试包括一些有关个人的问题，每个人对这些问题会有不同的看法，因而每个人的回答也就有所不同。对问题的回答不存在"对"与"不对"之分，只是表明你对这些问题的态度。请尽量表达你个人的意见，不要有所顾忌。

回答问题时不要依据别人眼中的你来判断，而是你认为自己本质上是不是这样的。评分标准：非常同意，5 分；比较同意，4 分；同意，3 分；有点不同意，2 分；不同意，1 分。

1）你是一个值得信赖的人吗？

2）你个性温和吗？

3）你有活力吗？

4）你善解人意吗？

5）你独立吗？

6）你受人爱戴吗？

7）你做事认真且正直吗？

8）你富有同情心吗？

9）你有说服力吗？

10）你做事大胆吗？

11）你做事精确吗？

12）你适应能力强吗？

13）你组织能力好吗？

14）你做事积极主动吗？

15）你害羞吗？

16）你强势吗？

17）你镇定吗？

18）你爱学习吗？

19）你反应快吗？

20）你的性格外向吗？

21）你注意细节吗？

22）你爱说话吗？

23）你的协调能力好吗？

24）你勤劳吗？

25）你慷慨吗？

26）你做事小心翼翼吗？

27）你令人愉快吗？

28）你的观念传统吗？

29）你待人亲切吗？

30）你工作有效率吗？

计分方法：

把第 5)、10)、14)、18)、24)、30）题的分加起来就是你的“老虎”分数；

把第 3)、6)、13)、20)、22)、29）题的分加起来就是你的“孔雀”分数；

把第 2)、8)、15)、17)、25)、28）题的分加起来就是你的“考拉”分数；

把第 1)、7)、11)、16)、21)、26）题的分加起来就是你的“猫头鹰”分数；

把第 4)、9)、12)、19)、23)、27）题的分加起来就是你的“变色龙”分数。

假若你有某一项分数远远高于其他四项，你就是典型的这种类型；假若你有某两项分数大大超过其他三项，你是这两种类型的综合；假若各项分数都比较接近，恭喜你，你是一个近似完美的人；假若你有某一项分数偏低，就需要在这一方面下功夫。

职业生涯规划案例

我通过进行一系列的自我认识和自我分析，写下了职业生涯规划中自我性格分析的部分。

一个人只有全面地了解自己，才能在职场中立于不败之地，所以我要为自己做全面评估。

1. 自我评价

我喜欢思考，逻辑思维能力较强，有耐心，擅长分析；做事认真负责，为人稳重、不冲动；性格随和，有自己的观点，愿意与人分享。“两种思想的碰撞，会产生很多思想的火花。”因为乐于帮助别人，和同学关系融洽，人际关系好。我对自己的性格比较满意，我要感谢我的父母和老师，是他们对我的教育、引导和影响，才使我形成了较好的性格。

2. 周围人对我的评价

我周围有很多同学、朋友、老师和家人，经过与他们的交流，了解到他们对我的认知。这些认知能帮助我更全面地认识自己。我很感谢他们。

对于优点，我会发扬；对于缺点，我会好好反思，并有意识地去改正和克服，提高自己的综合素养，让自己成为受欢迎的人，为职业的发展提供帮助。

3. 心理测评

通过 PDP 测验，我发现自己的性格属于考拉（耐心型），尤其是在做自己喜欢的事情时，我表现得特别有耐心，有的时候会在实训室动手操作多次，但是我并不会觉得厌烦，仍然兴致勃勃。周围人对我的评价如图 2-1 所示。

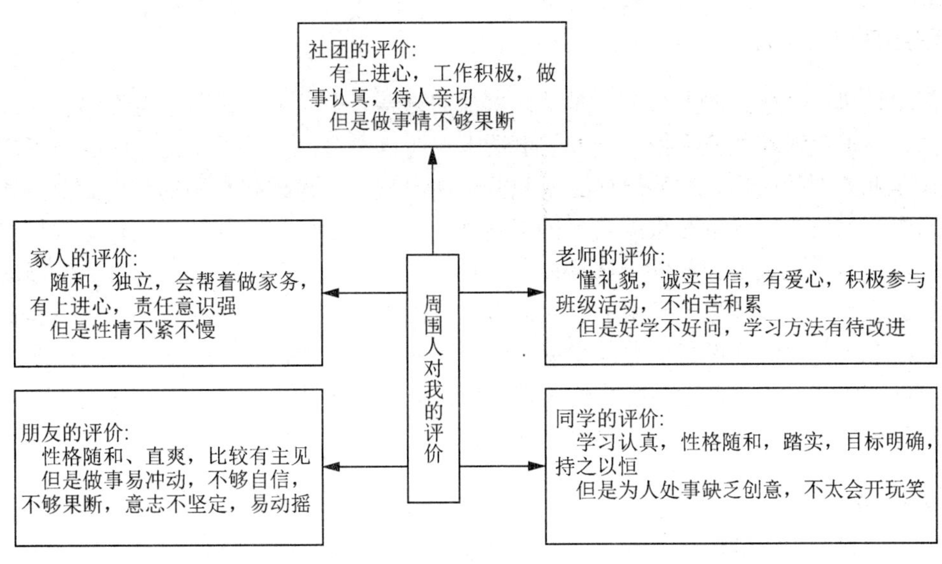

图 2-1　周围人对我的评价

我的职业生涯规划

1）写出性格测试结果。

2）对照性格测试结果，参考其他的性格特征，写出自己的性格特征。

第二节　职业兴趣

职业生涯故事

王建平时喜欢拆装零件和机器，动手能力比较强，有时候甚至花费几个小时做这些事情，并且觉得很快乐。他想，这可能就是自己的兴趣吧。他看到有的同学喜欢唱歌，而且唱得非常好听，虽然英语水平一般，但是可以把英文歌唱得很好；还有些同学喜欢跳舞，他们非常积极地加入学校的街舞社团，并且在社团中“活力四射”，一说起跳舞有关的事情就滔滔不绝；也有的同学喜欢看书，如小说、杂记、散文甚至一些非常专业的书籍，课余时间也经常读书。王建发现每个同学的兴趣爱好都是不同的，但是相同的是大家愿意为自己的兴趣爱好付出时间和精力。

一、职业兴趣的含义

简单地讲，兴趣就是指一个人对某件事情的神经兴奋程度较高，主观上愿意为之付出努力，不求金钱和其他回报，只为了事情本身而自愿努力的心理特征。而职业兴趣是兴趣在职业方面的表现，对某一行业或职业表现出突出的兴趣和高昂的热情。很多学生在进入中职学校学习时就是根据自己的兴趣而选择专业。例如，对英语感兴趣并且英语成绩比较好的学生大部分倾向于选择外贸专业，喜爱小孩并喜欢唱歌跳舞的学生倾向于选择学前教育专业，喜欢自己动手研究的学生可能更加倾向于选择数控加工、模具制造等专业，这些专业的选择在很大程度上基于个人的职业兴趣，并且能够影响自己未来的工作方向。所以，明确兴趣与职业的关系，使兴趣与工作结合起来，是非常重要的一件事情，甚至关系到自己的后半生是否快乐，能否获得工作上的幸福感。

二、职业兴趣的分类

> 天才就是强烈的兴趣和顽强的入迷。
>
> ——木村久一

心理学中有关职业兴趣的分类方法有很多种，目前较为权威的是著名心理学家霍兰德所主张的分类方法。霍兰德认为，职业兴趣在一个人的职业生涯中是非常重要的影响因素，当一个人所从事的工作与他的兴趣相匹配的时候，他能发挥自己最大的潜能工作，从而也能够获得较高的工作成果。他将职业兴趣分为以下六大类。

1）现实型（R）：具有顺从、坦率、谦虚、自然、坚毅、实际、有礼、害羞、稳健、节俭的特征，表现为喜爱实用性的职业或情境，避免社会性的职业或情境；用具体实际的能力解决工作及其他方面的问题，较缺乏人际关系方面的能力；重视具体的事物，如金钱、权力、地位等。适合的职业有工人、农民、土木工程师等。

2）研究型（I）：具有分析、谨慎、批评、好奇、独立、聪明、内向、条理、谦逊、精确、保守的特征，表现为喜爱研究性的职业或情境，避免企业性的职业或情境；用研究的能力解决工作及其他方面的问题，自觉、好学、自信，重视科学，但缺乏领导方面的才能。适合的职业有科研人员、数学和生物学方面的专家等。

3）艺术型（A）：具有复杂、想象、冲动、独立、直觉、无秩序、情绪化、理想化、不顺从、有创意、富有表情、不重实际的特征，表现为喜爱艺术性的职业或情境，避免传统性的职业或情境；富有表达能力，具有创意（包括表演、写作、语言、绘画等方面）能力，并重视审美。适合的职业有诗人、艺术家等。

4）社会型（S）：具有合作、友善、慷慨、助人、仁慈、负责、圆滑、善社交、善解人意、说服他人、理想主义等特征，表现为喜爱社会型的职业或情境，避免实用性的职业或情境，并以社交方面的能力解决工作及其他方面的问题，但缺乏机械能力与科学能力；喜欢帮助别人、了解别人，有教导别人的能力，且重视社会与伦理的活动和问题。适合的职业有教师、牧师、辅导人员等。

5）企业型（E）：具有冒险、野心、独断、冲动、乐观、自信、追求享受、精力充沛、善于社交、引人注意、知名度等特征，表现为喜欢企业性质的职业或环境，避免研究性质的职业或情境，会以企业方面的能力解决工作或其他方面的问题；冲动、自信、善社交、知名度高、有领导与语言能力，缺乏科学能力，但重视政治上与经济上的成就。

适合的职业有推销员、政治家、企业家等。

6）传统型（C）：具有顺从、谨慎、保守、自控、服从、规律、坚毅、实际、稳重、有效率，但缺乏想象力等特征，表现为喜欢传统性质的职业或环境，避免艺术性质的职业或情境，会以传统的能力解决工作或其他方面的问题；有文书与数字能力，并重视商业与经济上的成就。适合的职业有出纳、会计、秘书等。

三、职业兴趣测试

霍兰德认为，在职业兴趣测试下，可以清晰地了解自己的职业兴趣类型和在职业选择中的主观倾向，从而在众多的职业中找寻到最适合自己的职业，避免职业选择中的盲目行为。尤其是对于兴趣盲目的学生和缺乏职业经验的人，霍兰德的职业兴趣测试可以帮助其做好职业选择和职业设计，成功地进行职业调整，从整体上认识和发展自己的职业能力。开始测试吧！

根据对每一题目的第一印象作答，不必仔细推敲，答案没有对错之分。如果选择“是”，请打“√”，否则请打“×”。

1）我喜欢把一件事情做完后再做另一件事。（ ）
2）在工作中我喜欢独自筹划，不愿受别人干涉。（ ）
3）在讨论中，我往往保持沉默。（ ）
4）我喜欢从事戏剧、音乐、歌舞、新闻采访等方面的工作。（ ）
5）每次写信我都一挥而就，不会重复。（ ）
6）我经常不停地思考某一问题，直到想出正确的答案。（ ）
7）对别人借给我的和我借别人的东西，我都能记得很清楚。（ ）
8）我喜欢做抽象思维的工作，不喜欢做需要动手的工作。（ ）
9）我喜欢成为人们注意的焦点。（ ）
10）我喜欢不时地夸耀一下自己取得的成就。（ ）
11）我曾经渴望有机会参加探险活动。（ ）
12）当我一个人独处时，会感到更愉快。（ ）
13）我喜欢在做事情前作出细致的安排。（ ）
14）我讨厌做修理自行车、电器一类的工作。（ ）
15）我喜欢参加各种各样的聚会。（ ）
16）我愿意从事虽然工资少但是比较稳定的工作。（ ）
17）音乐能使我陶醉。（ ）
18）我办事很少思前想后。（ ）
19）我喜欢经常请示上级。（ ）
20）我喜欢需要运用智力的游戏。（ ）
21）我很难做那种需要持续集中注意力的工作。（ ）
22）我喜欢亲自动手制作一些东西，从中得到乐趣。（ ）
23）我的动手能力很差。（ ）
24）和不熟悉的人交谈对我来说毫无困难。（ ）
25）和别人谈判时，我总是很容易放弃自己的观点。（ ）
26）我很容易结识同性朋友。（ ）

27）对于社会问题，我通常持中庸态度。（　　）
28）当我开始做一件事情后，即使碰到再多的困难，我也会执着地干下去。（　　）
29）我是一个冷静而不易动感情的人。（　　）
30）工作时，我不喜欢被打扰。（　　）
31）我的理想是当一名科学家。（　　）
32）与言情小说相比，我更喜欢推理小说。（　　）
33）我太霸道，有时知道他们做的是对的，也要和他们对着干。（　　）
34）我爱幻想。（　　）
35）我总是主动地向别人提出自己的建议。（　　）
36）我喜欢使用锤子一类的工具。（　　）
37）我乐于解除别人的痛苦。（　　）
38）我更喜欢下了赌注的比赛或游戏。（　　）
39）我喜欢按部就班地完成要做的工作。（　　）
40）我希望能经常做不同的工作。（　　）
41）我总有充足的时间去赴约会。（　　）
42）我喜欢阅读自然科学方面的书籍和杂志。（　　）
43）如果掌握一门手艺并能以此为生，我会感到非常满意。（　　）
44）我曾渴望当一名汽车司机。（　　）
45）别人谈“家中被盗”一类的事，很难引起我的同情。（　　）
46）如果待遇相同，我宁愿当商品推销员，也不愿当图书管理员。（　　）
47）我讨厌与各类机械打交道。（　　）
48）我小时候经常把玩具拆开研究。（　　）
49）当接受新任务后，我喜欢以自己的方法去完成。（　　）
50）我有文艺方面的天赋。（　　）
51）我喜欢把一切安排得井井有条。（　　）
52）我喜欢当一名教师。（　　）
53）和一群人在一起的时候，我总想不出恰当的话说。（　　）
54）看情感影片时，我常禁不住流泪。（　　）
55）我讨厌学数学。（　　）
56）在实验室里独自做实验会令我感到寂寞。（　　）
57）对于急躁、爱发脾气的人，我仍能以礼相待。（　　）
58）遇到难解答的问题时，我常常放弃。（　　）
59）大家认为我是一名勤劳踏实的、愿为大家服务的人。（　　）
60）我喜欢在人事部门工作。（　　）

计分方法：

符合以下“是”或“否”答案的记1分，不符合的记0分。

现实型（R）：“是”[2)，13)，22)，36)，43)]，“否”[14)，23)，44)，47)，48)]。

研究型（I）：“是”[6)，8)，20)，30)，31)，42)]，“否”[21)，55)，56)，58)]。

艺术型（A）：“是”[4)，9)，10)，17)，33)，34)，49)，50)，54)]，“否”[32)]。

社会型（S）：“是”[26)，37)，52)，59)]，“否”[1)，12)，15)，27)，45)，53)]。

企业型（E）：“是”[11)，24)，28)，35)，38)，46)，60)]，“否”[3)，16)，25)]。

传统型（C）：“是”[7)，19)，29)，39)，41)，51)，57)]，“否”[5)，18)，40)]。

将得分最高的三种类型按从高到低排列，得出适合自己的职业类型。

职业生涯规划案例

我根据上面的心理测试表进行了职业兴趣测试，并写出了对自己的职业兴趣的分析：为了更好地了解我的性格和能力，我参与了职业兴趣测试，这类测试比较客观，测试结果将从更深的层次帮助我了解自己，从而对我今后的职业去向提出很好的建议。

经过霍兰德的职业兴趣测试，我的各项分数排名前三位的是现实型(R)、传统型(C)和研究型（I），具体如表2-2所示。

表2-2　职业兴趣测试结果

职业类型	个性特点与能力	环境特点（职业要求）	职业特点	适合的职业
现实型（R）	不善言辞与交际，不喜欢从事教育工作与接待他人的工作	做事手脚灵活、动作协调	愿意从事“看得见、摸得着”的工作；喜欢使用工具，特别喜欢操作大型机器	工人、农民、土木工程师
传统型（C）	注重细节，讲究精确，具备记录和归档能力	要求系统、常规的行为，人际技能要求低	愿意从事办公室、事务性工作	出纳、会计、秘书
研究型（I）	具有分析力强、谨慎、好奇心强、聪明的特征	要求研究性的职业或情境，但缺乏领导方面的才能	愿意从事用研究的能力解决工作及其他方面的问题的工作	科研人员、数学和生物学方面的专家

我的职业生涯规划

将测试结果写出来。

第三节　职业能力

职业生涯故事

上课的时候，老师问学生，你们具备了哪些能力？王建不知道自己具备哪些能力，学习成绩也不出色，所以他认为自己的学习能力不好。他发现自己非常“慢热”，要花费很长时间才能和一个陌生人变得熟悉。那么，自己到底具备什么能力呢？他苦苦思考，但是一无所得。他忽然发现自己非常缺乏能力。其实，是因为王建对自己的能力认识得不够全面和具体，才使他认为自己没有能力。那么到底什么是能力，人都具备哪些能力呢？

一、职业能力的含义

心理学家认为，能力是个体完成某一任务或者目标所体现出来的素质，它直接影响一个人的活动效率。而职业能力是人从事某种工作的多种能力的组合，它由三个内容组成。一是能够完成某项工作必须具备的能力，即任职资格。例如，不同专业的学生毕业前需要考取相关证书，如数控专业学生需要考数控中级证书、数控高级证书；汽修专业学生需要考取汽车维修中级证书；会计专业学生需要考取会计从业资格证书；机电一体化专业学生需要考取维修电工中级证书；幼儿教育专业学生需要考取保育员证书、育婴师证书及普通话等级证书等，每个专业所要求的必备的职业能力是不同的，因此需要考取的证书或者获得任职资格的内容也不同。二是在工作中所表现出来的职业素质。例如，数控专业要求学生具备较强的动手操作能力；会计专业要求学生能够保密，有高诚信度、高忠诚度等。三是职业生涯管理，这一部分内容详见第六章。

二、职业能力的分类

职业能力分为两种。一是一般职业能力，是指工作中所必须具备的能力，如学习能力、空间判断能力、语言表达能力、颜色分辨能力和身体协调能力等。二是专业能力，就是在具体工作中所应该具备的专业能力。例如，数控专业学生应具备数控相应技术能力，汽修专业学生应具备最基本的汽车维修能力。

三、职业能力的测试

下面是一般职业能力测试，用于测试个人职业能力水平。

一般能力倾向测试

1. 一般学习能力倾向

测评项目	强	较强	一般	较弱	弱
	1	2	3	4	5
快速而容易地学习新的知识的能力					
快速而正确地解决数学题目的能力					
你的学习成绩					
对课文的理解、分析、综合运用的能力					
对所学知识的记忆的能力					

2. 语言能力倾向

测评项目	强	较强	一般	较弱	弱
	1	2	3	4	5
善于表达自己观点的能力					
阅读速度和理解能力					
掌握词汇量的程度					
你的语文成绩					
你的文学创作能力					

3. 算术能力倾向

测评项目	强	较强	一般	较弱	弱
	1	2	3	4	5
对物和量的抽象概括能力					
笔算能力					
口算能力					
珠算能力					
你的数学成绩					

4. 空间判断能力倾向

测评项目	强	较强	一般	较弱	弱
	1	2	3	4	5
解决立体几何方面问题的能力					
画三维度立体几何的能力					
看几何图形立体感的能力					
想象盒子展开后平面形状的能力					
想象三维度的物体的能力					

5. 形态知觉能力倾向

测评项目	强	较强	一般	较弱	弱
	1	2	3	4	5
发现相似图形中细微差异的能力					
识别物体形态差异的能力					
注意物体细节部分的能力					
观察图案是否正确的能力					
对物体细微描述的能力					

6. 文秘倾向能力

测评项目	强	较强	一般	较弱	弱
	1	2	3	4	5
快速而准确地抄写材料的能力					
发现错别字或计算错误的能力					
能很快地查找编码卡片的能力					
较长时间工作的能力					
一般应用文的写作能力					

7. 眼手运动协调能力倾向

测评项目	强	较强	一般	较弱	弱
	1	2	3	4	5
玩电子游戏的能力					

续表

测评项目	强	较强	一般	较弱	弱
	1	2	3	4	5
篮球、排球、足球运动的能力					
乒乓球、羽毛球运动的能力					
珠算的能力					
打字的能力					

8. 手指灵巧倾向

测评项目	强	较强	一般	较弱	弱
	1	2	3	4	5
灵巧地使用很小工具的能力					
穿针眼、编织等使用手指活动的能力					
使用手指做一件小工艺品的能力					
使用计算器的灵巧程度的能力					
弹琴（钢琴、电子琴、手风琴）的能力					

9. 手的灵巧倾向

测评项目	强	较强	一般	较弱	弱
	1	2	3	4	5
用手把东西分类的能力					
在推拉东西时手灵活度的能力					
快速地削水果的能力					
灵活地使用手工工具的能力					
绘画、雕刻等手工活动的灵巧性					

计算方法如下。

1）首先计算每次的平均分。其计算公式为

每次的平均分＝［（第 1 列选择次数之和×1）＋（第 2 列选择次数之和×2）
＋（第 3 列选择次数之和×3）＋（第 4 列选择次数之和×4）
＋（第 5 列选择次数之和×5）］÷5

2）将每一次的平均分填入表 2-3 中。

表 2-3　各项目的平均分

序号	1	2	3	4	5	6	7	8	9
项目	一般学习能力倾向	语言能力倾向	算术能力倾向	空间判断能力倾向	形态知觉能力倾向	文秘能力倾向	眼手运动协调能力倾向	手指灵巧倾向	手的灵巧倾向
平均分									

职业生涯规划案例

以下是王建对自己能力的分析。

1. 自我分析

我的观察力不错，思维力强，分析问题和解决问题的能力强；能控制自己的情绪，保持良好的状态和心情；面对逆境时能承受压力；有良好的道德能力，如诚实、负责、平和、忠心、礼貌；会调试心理压力，使自己保持良好的心理状态；有良好的健康意识。不足的地方：胆量、胆识不够，理财能力有待提高；为了达到目标的坚持力不够。

2. 心理测验

通过一般能力倾向测试（GATB），结果显示，我在手的灵巧倾向方面得分最高，算数能力倾向和眼手运动协调能力倾向得分较高，说明我的能力与所选择的专业是匹配的。我所选的专业不仅要求动手能力强，还需要具有推理演算的能力，与手的灵巧倾向和眼手运动协调能力倾向契合，算数能力倾向分数虽然在所有能力倾向分数中排名第三位，但是分数不是非常高，说明我在这方面还需要锻炼和提高。

我的职业生涯规划

将测试结果写出来。

第四节 态　度

职业生涯故事

王建在班级里是一位学习认真、工作积极的同学。班主任欣赏王建的努力学习、积极向上的精神，经常安排一些工作让王建完成。所以在学习之余，王建经常往返于班级、办公室及学校团委等之间。有同学问道："你为什么这么积极，是不是为了评上期末的先进班干部。"王建笑了笑，因为他知道，只有凡事认真负责，不计较，才能够锻炼和提高自己。

一、态度的含义

态度是一个人对某些人或事所持的稳定的心理倾向，带有很强的主观性。一般可以将态度分为积极的态度和消极的态度两种，积极的态度有利于计划的顺利实施，消极的态度会阻碍自己的发展，因此我们在进行职业生涯规划时需要保持积极乐观的态度。

二、态度的作用

态度对人生的发展具有重要作用，它会影响我们的生活、学习和工作甚至未来的发展。积极的态度会让人产生向上的力量和精神，保持愉快的心情，激发热情，增强创造力，获得更多的资源，抓住更多成功的机遇，增强知难而上的勇气和智慧。而消极的态度则会让人颓废和忧愁，使希望破灭，限制潜能发挥，使人在消极情感中耗费很大的精力和时间。亚里士多德说："生命的本质在于追求快乐，而使生命快乐的一个重要方面就是拥有一个积极的态度。"

三、改善态度的方法

怎样让自己拥有积极的态度呢？

1）懂得用欣赏的眼光看待自己，给自己肯定和鼓励，不要总是对自己不满意。不管在成功时还是在失败时，都要用积极的眼光看待自己，不要自我否定、消极处事，要坚信自己是独一无二的，充满自信，使内心强大，即使面对再大困难都不会被打倒。

2）把注意力放在积极的事情上，用乐观的态度看待现在。生命是一个过程而不是结果，享受学习过程、工作过程及交友过程，这些都是我们人生的一部分，要学会用乐观和积极的眼光看待每一件事情。"塞翁失马，焉知非福"，用乐观积极的眼光看待事情总是会有转机的。

3）与身边的朋友沟通和倾诉，分享自己的积极心态。将自己的快乐与他人共享，会获得双倍的快乐。

4）学会管理自己的态度。当自己很难改变消极的态度和想法时，可以采用一些方式来化解不良心态，提升正面积极态度，如音乐、阅读、独处等，通过思考和反省，让自己的态度得以扭转，管理自己的态度。

四、趣味测试

心理专家指出：一般人的专心程度是和成功成正比的。以下是一道工作态度趣味测试题，请同学们进行测试。（以趣味性为主，不具有较高的参考价值）

许久没有背上钓竿了，如果有伙伴一同去钓鱼，你会选择何处？

A．海岸边　　B．山谷的小溪

C．坐船出海　　D．人工鱼池

选项解析如下。

选项A：你是一个讲究投资回报率的人，会以最少的投资追求最高的利润，很有生意眼光。所以你会到海岸边去钓躲在岩缝里的小鱼，虽然体积不大，但是数量很多。

选项B：你对工作企划有自己的见解，眼光远大，能安排好一个月以后的行程，只是做事太保守，缺乏冲劲，不能专心地投入工作。否则你为何贪恋山谷的美景，而不把全部心神投注在钓鱼上。

选项C：你是工作狂热症的代表，就像追求坐船时乘风破浪的快感一样，你只会"一股劲儿地拼命"，也就是说，你只能听指令行事，但是绝对不能让你做规划，因为你会急出"脑溢血"。

选项D：你只打有把握的仗，有自信，会推销自己，在商场上讲战术，头脑冷静。但是你有点锋芒毕露，切记不要抢别人的功劳，否则会为你以后的失败埋下伏笔。

世界上没有卑微的工作，只有卑微的工作态度。假使你对工作感到厌恶，不能喜爱工作，而只觉得它是一种苦役，那你在这个世界上是一定不会有所作为的。不管从事什么工作，压力与困难总是存在的，重要的是你的工作态度，当你看重工作时，纵使面对缺乏挑战或毫无乐趣的工作，你也会主动做事，同时为自己的所作所为承担责任。

职业生涯规划案例

我应该明确自己的态度，让自己在执行生涯规划的过程中积极、乐观、向上。我用我最喜欢的一句名言来表示我的观点。

> 态度决定一切！
>
> ——罗曼·文森特·皮尔

我的职业生涯规划

写出最能代表自己态度的一段话或者最喜欢的名人名言。

第五节　价　值　观

职业生涯故事

进入高二，很多学生开始思考自己未来的工作问题。王建也不例外，自己想要一份什么样的工作呢？在工作中，自己最看重的是什么？是薪酬、工作、自由，还是社会地位？在选择工作的过程中，什么因素是最吸引自己的？其实这就是职业价值观的外在体现，你喜欢什么样的工作，什么样的因素吸引你，这是你的职业价值观在引导着你的职业选择。

一、价值观的含义

职业价值观是人们在从事工作和职业时表现出来的一种价值取向，是人们选择职业的潜在影响因素，关系着每个人的择业心态、自我定位及自我设计等内容。在心理学领域中有一个术语——职业锚（Career Anchor），又称为职业系留点，指的是当一个人不得不作出选择的时候，永不放弃的因素或价值观，是人们选择和发展自己的职业时所围绕的中心及重点，它强调个人能力、动机与价值观三方面的相互作用及整合。由于每个人的成长环境及个人经历不同，对职业锚的选择也会不同，有些同学可能更重视成就感，有些更重视经济报酬，有些更重视自由，你所重视的内容影响着你选择所从事的工作。但是没有任何一种职业能够完全满足一个人重视的所有锚，而仅仅是几个锚的组合，所以我们需要了解职业锚权重排序。

二、价值观的分类

职业生涯规划领域具有“教父”级地位的埃德加·H. 施恩教授提出了著名的职业锚理论（Career Anchor Theory），他认为职业锚是个人和周围环境相互作用的产物，并且能在实际工作中不断调整。他将职业锚分为以下八种。

1）TF 型（技术/职能型职业锚）：这类人始终不肯放弃的是在专业领域中展示自己的技能，并把技能发展到更高层次的机会。他希望通过施展技能以获取别人认可，并乐于接受来自专业领域的挑战。他可能愿意成为技术/职能领域的管理者，但管理本身不能给他带来乐趣，他极力避免从事全面管理的职位，因为这意味着他可能会脱离自己擅长的专业领域。

2）GM 型（管理型职业锚）：这类人始终不肯放弃的是升迁到组织中更高的管理职位，这样他能够整合其他人的工作，并对组织中某项工作的绩效承担责任。他希望为最终的结果承担责任，并把组织的成功看作自己的工作。如果他目前在技术/职能部门工作，他会将此看成积累经验的必需过程，他的目标是尽快得到一个全面管理的职位，因为他对技术/职能部门的管理工作不感兴趣。

3）AU 型（自主/独立型职业锚）：这类人始终不肯放弃的是按照自己的方式工作和生活，他希望留存在能够提供足够的灵活性，并由自己来决定何时工作及如何工作的组织中。如果他无法忍受任何程度的来自公司的约束，就会去寻找一些有足够自由权的职业，如教育、咨询等职业。他宁可放弃升职加薪的机会，也不愿意丧失独立自主性。为了能有最大程度的自主和独立，他可能创立自己的公司，但他的创业动机是与后面叙述的创业家的动机所不同的。

4）SE 型（安全/稳定型职业锚）：这类人始终不肯放弃的是稳定的或终身雇佣的职位。他希望有成功的感觉，这样他才可以放松。他关注财务安全（如养老金和退休金方案）和就业安全。他对组织忠诚，对雇主言听计从，希望以此换取终身雇佣的承诺。虽然他可以争取到更高的职位，但他对工作的内容和在组织内的等级地位并不关心。任何人（包括自主/独立型职业锚的人）都有安全和稳定的需要，在财务负担加重或面临退休时，这种需要会更加明显。安全/稳定型职业锚的人总是关注安全和稳定问题，并把自我认知建立在如何管理安全与稳定上。

5）EC 型（创造/创业型职业锚）：这类人始终不肯放弃的是凭借自己的能力和冒险愿望，扫除障碍，创立属于自己的公司或组织。他希望向世界证明他有能力创办一家企业，现在他可能在某一组织中工作，但他会学习并评估未来的机会，一旦他认为时机成熟，就会自己创业。他希望自己的企业有非常高的收入，以证明他的能力。

6）SV 型（服务型职业锚）：这类人始终不肯放弃的是做一些有价值的事情。例如，让世界更适合人类居住、解决环境问题、增进人与人之间的和谐、帮助他人、增强人们的安全感、用新产品治疗疾病等。他宁愿离开原来的组织，也不会放弃对这些工作机会的追求。同样，他会拒绝任何使他离开这些工作的调动和迁升。

7）CH 型（挑战型职业锚）：这类人始终不肯放弃的是去解决看上去无法解决的问题、战胜强硬的对手或克服面临的困难。对他而言，职业的意义在于允许他战胜不可能的事情。有的人在需要高智商的职业中发现这种纯粹的挑战，如仅仅对高难度、不可能实现的设计感兴趣的工程师。有些人发现处理多层次的、复杂的情况是一种挑战。例如，战略咨询师仅对面临破产、资源消耗完的客户感兴趣。还有一些人将人际竞争看成挑战，如职业运动员，或将销售定义为非赢即输的销售人员。新奇、多变和困难是挑战的决定因素，如果做一件事情非常容易，他立马会感到厌倦。

8）LS 型（生活型职业锚）：这类人始终不肯放弃的是平衡并整合个人的、家庭的和职业的需要。他希望生活中的各个部分能够协调统一向前发展，因此他希望职业有足够的弹性允许他实现这种整合。他可能不得不放弃职业中的某些方面（例如，晋升带来跨地区调动，可能打乱他的生活）。他的与众不同的地方在于过自己的生活，包括居住在什么地方、如何处理家庭事务及在某一组织内如何发挥自己的能力。

三、价值观的测试

职业锚问卷是一种职业生涯规划咨询、自我了解的工具，能够协助组织或个人进行更理想的职业生涯发展规划，是国外职业测评运用最广泛、最有效的工具之一。

下面给出了 40 个问题，请根据自己的实际情况，从“1～6”中选择一个数字，1 代表“从不”，2 代表“偶尔”，3 代表“有时”，4 代表“经常”，5 代表“频繁”，6 代表“总是”，数字越大，表示这种描述越符合你的情况。职业锚倾向没有好坏，请根据第一感觉，不假思索地迅速答题。

1）我希望做我擅长的工作，这样我的内行建议可以被采纳。

2）当我整合并管理其他人的工作时，我非常有成就感。

3）我希望我的工作能让我用自己的方式，按自己的计划去开展。

4）对我而言，安定与稳定比自由与自主更重要。

5）我一直在寻找可以让我创立自己事业（公司）的创意（点子）。

6）我认为只有对社会作出真正贡献的职业才算是成功的职业。

7）在工作中，我希望去解决那些有挑战性的问题，并且胜出。

8）我宁愿离开公司，也不愿从事需要个人和家庭作出一定牺牲的工作。

9）将我的技术和专业水平发展到一个更具有竞争力的层次是成功职业的必要条件。

10）我希望能够管理一个大公司（组织），我的决策将会影响许多人。

11）如果职业允许我决定自己的工作内容、计划和过程时，我会非常满意。

12）如果工作的结果使我丧失了自己在组织中的安全稳定感，我宁愿离开这个工作岗位。

13）对我而言，创办自己的公司比在其他的公司中争取一个高的管理职位更有意义。

14）我的职业满足来自于我可以用自己的才能去为他人提供服务。

15）我认为职业的成就感来自于克服自己面临的非常有挑战性的困难。

16）我希望我的职业能够兼顾个人、家庭和工作的需要。

17）对我而言，在我喜欢的专业领域内做资深专家比总经理更具有吸引力。

18）只有在我成为公司的总经理后，我才认为我的职业人生是成功的。

19）成功的职业应该允许我有完全的自主与自由。

20）我愿意在能给我安全感、稳定感的公司中工作。

21）通过自己的努力或想法完成工作时，我的工作成就感最强。

22）对我而言，利用自己的才能使这个世界变得更适合生活或居住，比争取一个高的管理职位更重要。

23）当我解决了看上去不可能解决的问题，或者在必输无疑的竞赛中胜出，我会非常有成就感。

24）我认为只有很好地平衡个人、家庭、职业三者的关系，才能算是成功的。

25）我宁愿离开公司，也不愿接受那些不属于我所在的专业领域的工作。

26）对我而言，做一个全面管理者比在我喜欢的专业领域内做资深专家更有吸引力。

27）对我而言，用我自己的方式不受约束地完成工作，比安全、稳定更加重要。

28）只有当我的收入和工作有保障时，我才会对工作感到满意。

29）在职业生涯中，如果我能成功地创造或实现完全属于自己的产品或点子，我会感到非常成功。

30）我希望从事对人类和社会真正有贡献的工作。

31）我希望工作中有很多机会，可以不断挑战我解决问题的能力（或竞争力）。

32）我能很好地平衡个人生活与工作的关系，这比达到一个管理职位更重要。

33）如果在工作中能经常用到我具有的特别的技巧和才能，我会感到特别满意。

34）我宁愿离开公司，也不愿意接受让我离开全面管理的工作。

35）我宁愿离开公司，也不愿意接受约束我自由和自主控制权的工作。

36）我希望有一份让我有安全感和稳定感的工作。

37）我梦想着创造属于自己的事业。

38）如果工作限制了我为他人提供帮助和服务，我宁愿离开公司。

39）去解决那些几乎无法解决的难题，比获得一个高的管理职位更有意义。

40）我一直在寻找一份能够最大程度地减少个人和家庭之间冲突的工作。

计分方法：

在 40 道题中挑出 3 个得分最高的项目（如果得分相同则挑出最感兴趣的项目），在每个项目得分的后面再加 4 分（例如，第 40 题，得 6 分，则该题应当加 4 分，变为 10 分）。将每一题的分数填入表 2-4 中，然后按照“列”进行分数累加，得到一个总分，将每列总分除以 5 得到每列的平均分，填入表 2-2 中，最高分所在列代表最符合你的“真实自我”职业锚。

表 2-4　计分表

类型	TF		GM		AU		SE		EC		SV		CH		LS	
加分项	1		2		3		4		5		6		7		8	
	9		10		11		12		13		14		15		16	
	17		18		19		20		21		22		23		24	
	25		26		27		28		29		30		31		32	
	33		34		35		36		37		38		39		40	
总分																
平均分																

职业生涯规划案例

职业锚测试结果反映出我属于 TF 型（技术/职能型职业锚），我最重视的职业因素是专业性，我愿意在专业领域中展示自己的技能，并不断把自己的技能发展到更高层次。

我希望通过施展自己的技能以获得别人认可，并乐于接受来自专业领域的挑战。根据测试结果，我需要加强专业领域方面的能力。

除此之外，我觉得较为重要的还有两个因素：职业成就感和人际关系。

1）职业成就感：我希望在工作中能够发挥自己的责任感与自主性。

2）人际关系：在工作中，我希望有一个良好的人际关系，与一起工作的大多数同事和领导之间关系融洽、相处愉快。

我的职业生涯规划

将测试结果写出来。

虽然以上量表测评结果分析可以帮助我们更好地认识自己，但是在进行职业生涯规划的时候并不需要把所有量表测评结果写在上面，只需挑一两种测评结果进行讨论即可，否则分析太过拖沓冗长，显得没有重点。

第三章 环境分析

第一节 家庭环境

职业生涯故事

王建知道，自己是一个任劳任怨的人，做事认真负责，会及时和周围人交流自己的工作和学习情况。这一优点是从自己父母那里潜移默化得来的。因为父母是农民，农闲时间会到附近的工厂里打工。由于父母待人热情、工作认真，加工生产出来的产品废品率低，深受老板和工友的认可。虽然家庭条件不宽裕，正因为这样，才养成了自己独立自主、认真负责的个性和态度。

任何人的性格和品质的形成及个人的成长都离不开家庭环境的影响。中职生在进行职业生涯规划时，考虑更多的是家庭的经济状况、家人期望、家族文化等因素对本人的影响。个人职业发展规划的确立，总是同自身的成长经历和家庭环境相关联的。个人在成长过程中，在不同时期会根据自己的成长经历和所受教育的情况，不断修正、调整，并最终确立职业理想和职业计划。正确而全面地评估家庭情况才能有针对性地设计适合自己的职业规划。

一、家庭是第一所学校

家庭是孩子生长的第一所学校，父母应赋予孩子一个良好的家庭环境，这个良好的家庭环境不只是物质上的，重要的是一个使孩子赖以健康成长的学习、生活环境。家庭是孩子生活和接受教育的第一个“课堂”，父母是他们的第一任老师，父母对孩子的身心健康负有不可推卸的责任。家庭环境的影响在人的一生中起着奠基的作用，特别是儿童阶段，孩子思想尚未定型，有很强的可塑性，他们对周围的一切都感兴趣，并善于模仿。这个年龄段的孩子分辨是非的能力差，家庭教育环境的各种影响，他们往往不加取舍地去接受。因而父母的言行、待人接物的态度及对子女的教育方式等，都会在孩子身上留下深刻的印痕。

有些父母的文化程度并不高，但他们深受孩子的敬重，那是因为他们正直、忠厚的为人，勤劳勇敢的行动，勇于牺牲的精神，深深感染了孩子、教育了孩子。有一位农民父亲将家里五个孩子都培养成大学生。记者采访这些孩子，问他们的父亲是怎样把他们培养成才的，孩子们说："身教。父亲从不讲大道理。他只为我们制订了一个计划，早晨五点起床锻炼身体。每天早晨，父亲总是第一个起床，敲敲我们的房门，不多说一句话，我们便很自觉地爬起来。十几年如一日，父亲从未间断过！我们的毅力便在这十几年间一点一点地沉淀下来。从跨进小学的第一天起，父亲便发给每人一个脸盆、一个搓衣板，意味着以后我们要自己照顾自己了。我们的独立性便从这一个脸盆、一个搓衣板开始了……"还有一些年轻的父母，一下班回家便只想着娱乐，有的甚至把饭桌当牌桌，把客厅当赌场，全然不顾在一旁做作业的孩子。难怪有些孩子形成"享乐至上"的人生哲学，不想学习，不思进取。父母对孩子的教育就是这样潜移默化，"润物细无声"。教育家苏霍姆林斯基说："每个瞬间，你看到孩子，也就看到了自己；你教育孩子，也就是教育自己，并检验自己的人格。"

二、家庭环境对孩子性格的影响

家庭环境对一个人性格的形成和发展具有重要及深远的影响，"家庭是制造人类性格的工厂"。家庭因素主要有家庭气氛、教养方式、家庭结构、孩子在家庭中的地位等。例如，两个同龄的孩子，一个生活在快乐幸福的家庭，另一个生活在充满危机的家庭，两个孩子的性格将有很大的差别，前者会以乐观向上的性格面对生活，而后者会以自卑憎恶的心理面对生活。再如，父母教养方式比较民主，则孩子独立、大胆、机灵、善于与别人交往，有分析、思考能力；父母教养方式绝对、权威，经常打骂孩子，则孩子顽固、冷酷无情、倔强或缺乏自信心及自尊心；父母过于溺爱，则孩子任性、缺乏独立性、情绪不稳定、骄傲；父母过于保护孩子，则孩子被动、依赖他人、沉默、缺乏社交能力；父母教养意见有分歧，则孩子警惕性高、两面讨好、易说谎、投机取巧；父母以支配型教养孩子，则孩子就会顺从、依赖、缺乏独立性。

三、家庭环境对孩子人生观和价值观的影响

父母的思想、素质、人生观念和价值观念、文化程度、职业及家庭生存状况都对子女有着直接的影响。例如，有些家长常说只要拿到中专毕业证就可以出去打工挣钱之类的话，那么一般情况下孩子就已形成固定的思维模式，不会考虑接受更高一层的教育，只是"做一天和尚撞一天钟"似的等着拿毕业证。

四、家庭环境对孩子职业选择与发展的影响

家长的期望、职业会对孩子职业选择产生潜移默化的干预和影响：出自书香门第的家长，希望孩子能够从事教育、医疗或机关等行业的职业；出自农村家庭的家长，会希望孩子能有一份工作性质稳定且收入较高的工作；本身从事这个职业，对本职业有比较清晰的了解，或者自己虽然非常向往某种职业却由于种种原因而没有实现梦想的家长，有可能将这个梦想转嫁到子女身上。

职业生涯规划案例

我的父母在外经商，从小学三年级开始我就寄宿在老师家里，加上初中三年、高中一年的住校生活，练就了一个独立、有思想的我，使我养成了做事靠自己的习惯。因为父母不在我身边，这也练就了一个好强的我，很多事我总不爱处于下风，能够磨炼自己

的性格与能力，争取赶超别人。

父母做的是小本生意，很辛苦，我的家庭条件一般。父亲常对我说："孩子，爸爸没有本事，以后也帮不了你，你要靠自己！"所以我下定决心，一定要靠自己的双手和能力来改变我的家庭条件，让父母过上好日子。

我的职业生涯规划

写出家庭对你的影响。（可以从对性格、兴趣爱好、职业意识、价值观、生活方式和人生目标等方面的影响进行思考）

第二节　行业环境

职业生涯故事

经过努力，王建对自己的专业技术和能力充满信心，他相信自己在同学中是佼佼者，但是对毕业后走进职场是否能够适应及有较好的发展有点忐忑。他学的是数控专业，知道社会上对于数控专业的需求比较大，但是不清楚具体情况及要求。他觉得自己还需要了解数控行业内部信息。他听到一些同学在讨论数控专业的就业市场已饱和，数控行业开始逐渐萎缩，学数控的学生没有前途。真的是这样吗？王建决定深入了解情况。

一、行业

行业与职业不同，行业是企业的集合。从事同类产品的生产销售企业或提供类似服务的企业达到一定的数量才会形成行业。例如，婚庆行业，包括提供婚礼策划、摄影、摄像、化妆、司仪、喜糖、婚车和花卉等服务的企事业单位；家电行业，包括生产空调、冰箱、电视机和洗衣机等不同类型产品的企业；在同一个行业里，是可以从事不同的工作的。例如，同在化工行业，可以担任车间技术员、化验员和研发人员等；同在保险行业，可以担任保险业务员、理赔员，甚至是人力资源部经理。

对一个行业是否有深刻的认识将关系到我们能否长期坚定职业方向，能否建立明确的职业目标。

二、行业环境具体内容

行业环境包括目前所从事行业和将来想从事的目标行业。内容包括行业的发展状况、国际国内重大事件对该行业的影响、目前行业优势与问题何在、行业发展趋势如何等。例如，当前热点行业有哪些，发展前景怎样；社会发展趋势对所选职业有什么要求，影响如何等。

1）网络人才继续走俏。

2）汽车制造业提供大量岗位。

3）市场营销、国际贸易专业需求旺盛。

4）电子类专业前景依然乐观。

5）家政服务专业前景可待。

三、行业环境分析

国家经济的发展和科技的进步，一定会导致社会职业结构的变化，一些职业会衰退，一些有挑战性的新职业会出现，有些职业虽然存在，但其相关属性或内涵已经发生变化。

国家政策影响中，如果国家对某一行业采取支持、鼓励和引导政策，那么这个行业就有发展前景、发展空间较大；如果国家政策是限制、控制和制约，那么这个行业的发展需要具体考虑分析。例如，我国重视环境保护，推行可持续发展战略，保护生物多样性，在农业生产中控制化学制品的使用，开发“绿色食品”等，使环境保护产业充满生机，导致环保设备生产、环保技术咨询等行业迅速发展，提供了大量就业岗位。这时如果不了解情况，为了一时利益，盲目进入那些污染严重的行业谋职，将会给自己的职业生涯造成不良后果。又如，国家重视文化产业的发展，使得艺术创作、音乐创作、摄影、舞蹈、工业设计与建筑设计等方面的企业不断出现，进入这些企业会使自己的职业生涯充满机会。

我们可以这样思考：社会发展趋势对这类职业有什么影响？这个行业是否是社会越来越需求的行业？在本行业里，企业是否具有竞争力和发展机会？如何让自己在选择的职业中保持核心竞争力？可能的风险有哪些？

对一个行业是否有认识，能否预测该行业的发展趋势，将关系到是否为自己人生的发展找到适宜的职业平台，有效地规划职业生涯。

四、获取行业信息的途径

对中职生而言，获取行业环境信息的途径很多，在此列举常见的几种渠道。

1）图书、报刊等出版物。无论是文学作品，还是专业报刊等出版物，都能为我们提供一些职业方面的信息。

2）视听资料。电视节目、光盘等都是观察职业信息的窗口。

3）行业展览和人才交流会。

4）网络。这是信息时代越来越普遍采用的一种探索职业世界的有效途径。

5）专业协会和俱乐部。参加专业协会和俱乐部的活动，有助于我们了解行业的发展信息，也能观察到职业人的生存状态。

6）到现场观察。到现场观察职业环境，对于没有工作经验的人来说是非常有帮助的。

7）情景模拟。主要方式是角色扮演。通过扮演职业环境典型场景中的不同角色，体会工作中的感受，从而加深对职业的认识。

8）现场实践。包括教学实习、课余或假期的兼职及志愿服务等。

9）接受信息咨询指导。这是一种通过提供职业信息来帮助学生增进对职业世界的了解的方法。

10）生涯人物访谈。所谓生涯人物访谈，就是通过对同一行业的多位工作者的深入交流而获取职业信息的一种方法。它能帮助我们检验和印证通过其他渠道获得的信息，并了解与未来工作有关的特殊问题和需要。

职业生涯规划案例

我所学的是数控专业，经过了解，数控专业发展形势大好，表现为中国“十一五”规划给数控机床制造行业制定了明确的发展道路，并且数控机床的终端使用行业（者）都是国家经济发展的支柱性行业。以数控机床为例，目前我国的数控机床的使用已从飞机制造、军用仪表扩展到铁路、纺织、机器和汽车等行业。在机械制造业，有90%以上的行业使用数控机床。

我的职业生涯规划

安排时间，通过上网查询、走访所学专业的行业协会成员，来了解与本专业有关的行业最新情况。

第三节　企业环境

职业生涯故事

王建期望自己毕业之后，在社会上众多的企业里选择一家规模较大的企业，最好是上市公司。因为规模大的企业相对来说管理规范、财务制度完善、企业文化氛围好、机会均等、上升空间大和保障性好，还可以学到很多知识。这种想法是否正确，怎么样选择一家适合自己的企业，如何了解企业，王建觉得自己要研究一下。

职场中，绝大部分人员就业的单位往往是企业，能够进入行政事业单位的人数比较少，所以要好好了解一下企业的情况。

一、企业

企业一般是以营利为目的，运用各种生产要素（土地、劳动力、资本和技术等），向市场提供商品和服务，实行自主经营、自负盈亏、独立核算的具有法人资格的社会经济组织。它是社会发展的产物，因社会分工的发展而成长壮大。企业可以按照不同的标准分为多种类型，其中根据财产组织形式可分为个体企业、合伙企业、合作制企业和公司制企业。

二、企业环境具体内容

任何一个企业都是存在于社会环境之中的，企业在形成和发展过程中受到很多因素的影响，那些影响企业管理决策和生产经营活动的现实各种因素的集合就构成了企业环境。这些因素是相互依存、相互制约、不断变化的，共同组成一个系统。

与职业生涯关系密切的，影响我们作出决定的企业环境主要包括企业资源、企业能力和企业文化等因素。具体包括用人单位的声誉和形象是否良好；企业实力怎样；在本行业中的地位、现状和发展前景怎样；所面对的市场状况如何；产品和服务在市场上的发展前景怎样；能够提供哪些工作岗位，是否与自己适合；有无良好的培训机会；企业领导人怎样；企业管理制度怎样，是否先进开明；企业文化是否与自己吻合；福利待遇是否完善等方面。

1. 企业实力

企业实力关系到一个人的福利、薪酬及归属感和上升空间，所以要了解企业实力。一般来说，企业实力包括在社会中的地位和声望、产品服务和活动范畴、企业发展前景与战略目标、技术力量和设施、在本行业中的竞争力、处于发展扩张阶段还是紧缩阶段、目前的财政状况、是否真正在“做大”“做强”、是否有生命力、企业的组织结构等。

2. 企业领导人

个人在职场上的发展机会很多时候来自于企业老板，企业领导人的抱负与能力是企业发展的决定性因素。正所谓，与对人比干对事更重要。所以，要了解企业主要领导人是真心干事业，还是想捞名利？管理是否先进开明？是否有战略眼光和措施？是否尊重员工？是否有足够的能力？这些都很重要。

3. 企业文化和企业制度

福利好、薪酬高及环境舒适是每个员工所向往的，但是管理科学、积极的企业文化，让人感到快乐和被尊重是每个人所追求的。因此，选择企业的时候要考虑企业文化，什么样的企业文化氛围让你认可、觉得舒服，这很重要。

对企业的管理制度、用人制度和培训制度等也要尽可能了解，这关系到对自己的未来可能带来的影响。

通过以上分析，应该理出一条清晰的思路，确定自己的职业生涯在这个企业中是否有足够的发展空间，衡量自己的目标是否能在该企业得以实现。

三、获取企业信息的途径

以下介绍六种获取企业信息的途径。

1）网络：利用网络通过搜索引擎、企业网站、行业网站和电子报纸杂志等进行查询。

2）客户、竞争者：企业的客户和竞争者对企业有不同的、较深的了解，通过他们可以获得行业、企业的第一手信息。

3）企业员工：通过企业的一线工作人员，可以了解企业的第一手信息。

4）展览会：各行业定期或不定期会举办展览会，有很多企业参展。

5）行业协会、专业机构：会提供相关的信息。

6）相关的行政事业管理机构：可以获得更为全面的、导向性的信息。

利用多个渠道收集信息，是保证做好决策的前提。信息越全面，越有利于决策。

职业生涯规划案例

因为我是独生子，所以毕业后我会回到椒江工作。将来就业的企业，我想选择在椒江的宝石缝纫集团工作。

首先，我通过上网查询、学校推荐及家人介绍，了解到该企业是全国500强民营企业、全国出口创汇先进企业、国家“火炬计划”重点高新技术企业等，目前集团拥有宝石一区、宝石二区、宝石三区及上海宝石生产研发基地等，规模大、管理规范，有较大的发展空间。

其次，宝石集团主业为工业缝纫机，产品有20多个系列100多个品种，销往100多个国家和地区，在国外设立了29家分公司和办事处，以及在80多个国家注册了宝石商标；在国内市场上，开设了30多家销售分公司和专卖店。我相信，拥有自主品牌、自主知识产权、有较强核心竞争力的企业是我所向往的，我要为民族企业的发展做出我的一份努力。

最后，宝石集团的企业文化、规范化的管理、先进的技术设备和良好的福利也是我看重的。我知道我在这里会学到很多知识、经验和能力，我也知道，最终我的个人发展不但取决于我的日常工作，还与我是否能够为企业创造更大的价值有关。

通过以上分析，我对未来的职业发展基础有了更为务实的思路，我相信通过我的努力，成功就在前方。

我的职业生涯规划

写出所在区域的经济环境情况、将来想就业区域的经济环境情况。（如果所在区域与将来想就业的区域相同，则写一个即可）

第四章 确定目标

职业生涯故事

王建在进行自我分析和环境分析的基础上，开始规划自己的职业目标。他希望毕业后找到一个待遇高、自己喜欢的工作，但担心能力不够，用人单位不提供机会。而让用人单位接受自己的重要一点就是自己的实力要强。王建把成为一名数控高级技师作为目标，因为只有对企业有用，能够创造价值的员工，企业才会重用，提供高薪酬。王建希望能够充分发挥实力，最终能够创业，因为这不但可以利用智慧为自己创造财富，也可以为社会创造价值，还能为社会提供就业机会。

人生在于拼搏，为了实现目标，王建立足于现状，把目标分解，采取措施分阶段地去完成。

一、树立目标

俗语说："志不立，天下无可成之事。"其中的"志"就是人生目标。在有限的时间里，每个人的人生目标不同，所选择的事业会决定今后的工作内容、工作地位、生活方式甚至生活质量。

"伟大的目标构成伟大的心灵，伟大的目标产生伟大的动力，伟大的目标塑造伟大的你！"人生如果没有目标，就好比航船在浩瀚的大海中迷失方向，始终无法靠岸。没有明确的目标，也就会失去努力的方向、前进的动力，失去克服困难的勇气和信心。因此，只有明确发展目标，找到职业理想的具体定位，人生才不会迷茫。人才会有动力去学习、工作，成就自己。

树立职业目标主要有以下几个作用。

第一，有利于顺利就业。在校学习期间，明确自己的职业目标，且向这一目标努力奋斗，有利于进一步提高就业能力，毕业后顺利就业。

第二，有利于促进职业的发展。人的精力是有限的，只有明确了目标，才能集中精力在某职业领域或某一方面取得较好、较快的发展，才能有所突破，形成自己的优势，

目标的十大作用：

1）产生积极心态。
2）看清使命，产生动力。
3）感受到生存的意义和价值。
4）把重点从过程转到结果。
5）有助于分清轻重缓急，把握重点。
6）集中精力，把握现在。
7）提高激情，有助于评估进展。
8）产生信心、勇气和胆量。
9）完善自我，永不停步。
10）成为成功的人。

为将来的职业发展打下基础。

第三，有利于激发潜能。清晰的职业目标有利于明确使命、产生动力、产生积极的心态，使自己勤勉、不畏艰险，促使自己努力实践，使自己的生命在有限的时空里冲破极限，最大限度地释放能量。

总之，有目标，生活才不会盲目；有追求，生活才有动力。要想取得成功，必须及早设定明确、正确的人生目标。没有蓝图，无法建成高楼大厦；没有目标，难以拥有美好人生。有了明确的目标，才会激励人们努力奋斗，并积极去创造条件实现目标。

二、目标的构成分析

确立的目标有的离我们很近，有的离我们很远，按照目标实现由远及近的顺序，我们把职业生涯目标分为长远目标、阶段目标和近期目标。

1. 长远目标

长远目标是人最终的奋斗目标，需要经过长期努力才有可能实现，所以在确立时要立足现实、慎重选择、全面考虑，使之既有现实性又有前瞻性。对于我们来说，长远目标是奋斗方向、范围，是具有激励作用的某个职业或者财富地位。但无论哪种类型，都要符合实际。从某种意义上说，长远目标体现了我们为理想所做的最高设想，它可以成为我们追求职业成功的原动力。有了长远目标的支撑，我们往往能专注于某个职业，产生认同感、责任感和使命感，甚至还会对某种事业充满自豪感和光荣感。

2. 阶段目标

阶段目标是根据个人具体情况所作出的实现长远目标的具体计划。长远目标是分阶段实现的，不同阶段面临的问题不同，目标也不同，由此构成各个阶段的目标。阶段目标有以下几个特点。

1）“很具体”，即每个阶段目标都十分具体。这不仅指对某个职位或岗位的目标定位，还包括实现目标需要具备的素质要求、弥补差距的措施、明确的时间界定等，能让我们把握实现目标需要做的具体努力。

2）“够得着”，即每个阶段目标都有实现的可能性，让人感觉“够得着”“有希望”。阶段目标不脱离自身条件，不脱离社会现实，是可以通过努力达成的。

3）“跳一跳”，即阶段目标不是轻而易举就能实现的，有一定的挑战性。这样既可以防止在原地踏步，避免懈怠，又能让人在实现目标后有成就感，起到激励作用。

4）“有关联”，即每个阶段目标之间有关联性。目标之间除了在努力方向上保持一致外，还彼此关联，前一个目标是后一个目标的奋斗基础，后一个目标是前一个目标的努力方向。

3. 近期目标

近期目标是最重要的阶段目标，是阶段目标和长远目标的初始化、具体化；是最清楚的目标，有明确的过程和结果；可操作性强；一般为一两年内的目标。近期目标有以下几个特点。

1）目标清晰，切合实际。

2）有具体完成时间，与自我价值观和中长期目标一致。

3）通过努力能达到适合环境需要的能力，完全有把握实现。

我们要立足于当下，正确处理近期目标与长远目标的关系，充分利用在校学习时期，有针对性地提升自身素质，有意识地培养兴趣、挖掘潜能，主动适应职业需要，努力学习有关知识和技能，自觉提升综合职业素质、职业能力，为职业生涯发展奠定坚实的基础。

职业生涯规划案例

根据自我分析、环境分析等，我确定的职业生涯目标如下。

1. 职业规划年限

规划年限：15 年。起止时间：2011～2026 年。

2. 职业规划路线

规划路线：学生—中级技术员工—高级技术员工—技师—小型数控厂长。

我的职业生涯规划路线如图 4-1 所示。

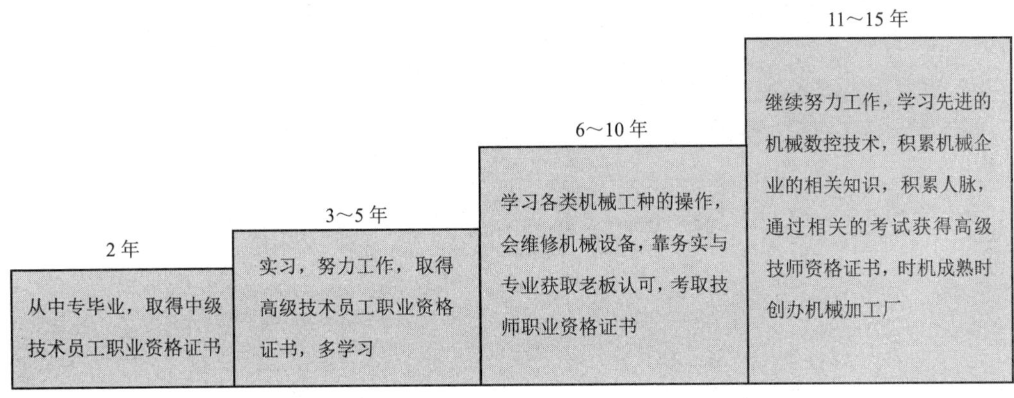

图 4-1　我的职业生涯规划路线

我的职业生涯规划

1）写出职业目标。

2）在图 4-2 中写出职业生涯发展路径。（可以设计个性化的路径）

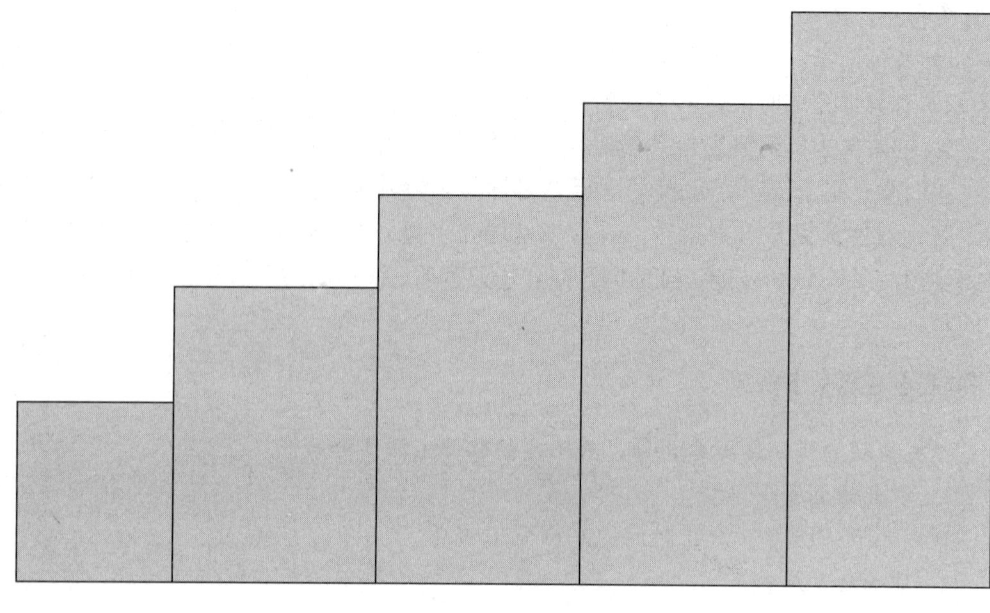

图 4-2　我的职业生涯规划路线填写图

第五章 实施行动

第一节 提升知识能力

职业生涯故事

王建给自己制订了职业生涯发展路径：在校学好专业知识，取得中级职业资格证书，然后到企业工作，通过自己的努力取得高级职业资格证书甚至是技师职称证书，当专业实力、经济实力及人脉资源条件成熟时，开办小型数控厂。

为了完成这些目标，王建决定从当下做起。王建制定了三大行动方向：①认真学好文化课、专业课基础知识，如机械制图、CAD 等，参加职业资格考试和全国高校入学考试并顺利通过；②积极动手操作，精益求精，提升专业技术能力；③通过积极参加班级、学校的工作和活动，寒暑假到企业兼职等途径，积累工作经验，提高综合素养和能力。

“只有行动，才能将目标逐渐变为现实，加油。”王建暗自下定决心。

英国哲人查尔斯·里德说：“播下一种行为，收获一种习惯；播下一种习惯，收获一种品格；播下一种品格，收获一种命运。”

一、在日常学习和生活中养成良好习惯

习惯是一种定型的行为，是长期积累、反复强化的产物，是经过反复练习而养成的。在日常学习和生活中养成良好习惯，是提高职业素质的重要途径。

中职生在校期间的学习的课程分为文化课和专业课两类。如果文化课学习基础差，不要气馁，在原有基础上有提高即可。学习文化课，除了学知识以外，重点要提高学习能力、掌握学习方法、养成学习习惯，为今后更新知识打好基础。专业课对于绝大多数同学来说都是零起点，只要从一开始就养成良好的学习习惯，就能进入角色。学习专业课需要手脑并用，有许多知识、技能要在边学边做中获得。专业课包含两类：一类是面向职业群的，一般在低年级学习，课程内容包括理论知识、实验、实训，这些内容是今

后转岗、晋升的基础；另一类是针对某一职业的，一般在高年级学习，课程包括专业技能等，既是首次就业的“敲门砖”，也是融会贯通前一类内容的机会。不论学习文化课还是专业课，都要养成良好的学习习惯，充分利用时间。因为在校学习的时间有限，多数中职生一毕业就可能永远结束学校生活，而人的职业生涯发展需要终身不断地学习。养成爱学习、会学习的习惯，是职业生涯可持续发展的重要保证。

二、在学习、生活、实践中提升社会能力

1. 在学习中训练

知识是能力的基础，但不等同于能力，将知识运用于实践才会成为能力，这有一个转化过程，完成这个转化过程需要训练。学校安排的调查、实验、实习等实践类的课程，就是为了使学生将知识转化为能力，包括社会能力。在校期间，我们应当积极、主动地完成这个转化。通过阅读，提高口头表达能力，然后通过与别人的交流，提升自己的沟通能力。

2. 在日常生活中训练

社会能力的提高要靠日常生活中的训练，平时要注意穿衣服得体，训练自己的言行举止，争取给人留下良好的第一印象。和同学发生矛盾的时候，试着控制自己的不良情绪，久而久之控制力就提高了；有的同学平时只顾学习，不愿意承担社会工作。其实承担社会工作是训练组织执行任务能力的机会。用人单位有时非常关注毕业生在学校期间担任过的职务，借此评估中职生的团队精神和组织执行任务的能力。例如，担任班干部、学生会干部竞聘，在服务他人的同时，也提高了自己的领导力和执行力。

3. 在社会实践中提高

尽管在学校可以训练自己的能力，但毕竟有一定的局限性。学校的人际关系不复杂，遇到的问题和矛盾比较简单。因此，还需要在社会实践中提高自己的社会能力。中职生应该积极主动适应社会，在校期间既要多参加各种活动，也要多参加各种社会实践，这有利于社会能力的提高。我们学校在寒暑假都有社会实践活动，如去酒店当服务员、去工厂打工，通过与客人、同事、领导交流，具有一定的交际能力。

职业生涯规划案例

王建学的是数控专业，他的目标是成为一所小型数控厂的厂长。为实现自己的长远目标，他把毕业后当一名高级技术员工作为近期目标。要考取高级技术员工证书，就要具备数控专业知识，具有很强的动手操作能力、搜集和处理信息能力、空间想象能力，具备良好的心理素质。为此，他制订了周密的在校计划，如图 5-1 所示。

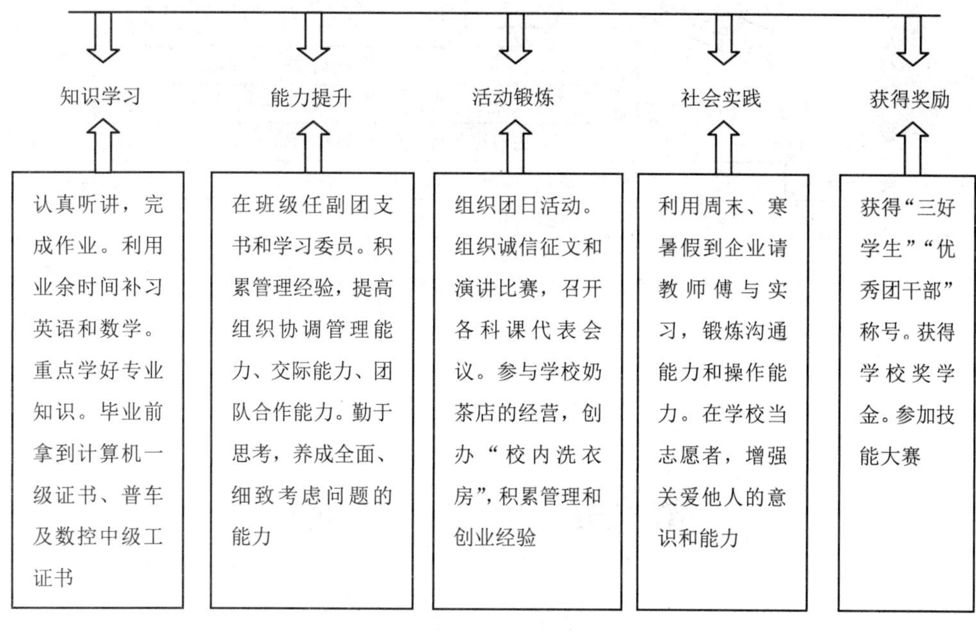

图 5-1　在校计划

温馨提示

中职生第一阶段制定的措施都会涉及在校生活。这一阶段的目标和措施绝非仅为学知识、学技术，还需要全面提升综合素质。成功没有偶然，机遇总是垂青有准备的人。为在校生活制订周密的计划，学会自我管理，是中职生职业生涯规划的重要特点。

我的职业生涯规划

1）编写计划表。用简洁的文字填写表 5-1，把最先开始落实的措施写在第一行，在安排时间时别忘了安排寒暑假。

表 5-1　中职阶段落实职业生涯规划措施

规划内容	开始时间	完成时间	采取措施	达到的效果
知识学习				
能力锻炼				
活动提升				
社会实践				
其他 1				
其他 2				

2）和同桌或同宿舍好友互相督促计划措施的落实和完成情况，如图 5-2 所示。

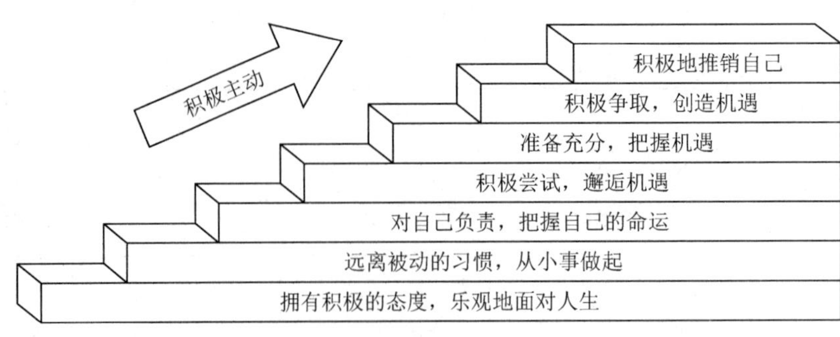

图 5-2　计划措施的落实和完成情况

第二节　时 间 管 理

职业生涯故事

经过准备工作，王建做好了一份职业生涯规划。每天早晨听课，课间和同学交流，课后积极参加社团活动、班级工作，以及为了保持健康的体魄进行体育锻炼，晚上则认真地复习、写作业及看书。在执行的过程中，王建发现自己每天从早到晚都有忙不完的事，但是效率不高。王建认为，每个人一天的时间是固定的，只有 24 小时。但是不同的人，做事的量和质却不同，应该是时间分配和使用方面存在差异。王建觉得自己要好好整理一下时间利用情况，进行分析，删除一些无效的环节，让时间利用变得更有效。那么如何进行合理的时间管理呢？王建开始进行这方面的钻研。他意识到，时间管理是很重要的事情，这能够使自己做事更有条理，把握方向，朝着职业生涯规划的方向前进。

一、你有多少时间

每个人都会追求健康和财富，年轻人觉得自己有很多时间，但是缺乏金钱；老人虽然经济宽裕，但觉得剩下的时间不多；穷人有很多时间但不知怎么安排；富人忙着做项目赚钱却缺少时间；休闲者觉得时间过得很慢，忙碌的职业人总觉得时间不够用。

那么人的一生到底有多少量化的时间？按照一个人一辈子活 100 岁来计算，人的一生有 36 000 天，每天都在倒计时。

有一项调查统计，按照中国人的平均寿命是 72 年计算，在这个人一生的时间里：睡觉 21 年、工作 14 年、个人卫生 7 年、吃饭 6 年、旅行 6 年、排队 5 年、学习 4 年、开会 3 年、打电话 1 年、找东西 1 年、其他 3 年。

为了在日常生活中能够组织好自己的工作和生活的方方面面，从而最大限度、最有价值地利用时间，我们需要始终如一、有的放矢地使用一些行之有效的方法来正确地使用时间。

二、时间管理的重要性

“一寸光阴一寸金，寸金难买寸光阴。”这说明了时间的不可重复性和重要性。一般情况下，人们对于时间不存在管理的概念，经常是有事情就去应对，若没有事情，时间一般用于闲聊、娱乐与消遣。时间就在指缝间流失。

时间管理就是用技巧、技术和工具帮助人们完成工作，实现目标。时间管理并不是要把所有事情做完，而是更有效地运用时间。时间管理的目的除了要决定该做什么事情之外，另外一个很重要的目的是决定什么事情不应该做；时间管理不是完全地掌控，而是降低变动性。时间管理最重要的功能是通过事先的规划，作为一种提醒与指引。

三、时间管理的观念

要进行时间管理，必须树立以下两个时间管理的观念。

1. 点滴时间要珍惜

时间是有弹性的。时间像海绵，只要挤，就有空间，好比瓶装实验（瓶子里装石头、沙子和水的故事）。所以任何的工作、休息等时间还是有空隙的。香港的口袋书就是一个很好的例子，可以使人利用零碎时间阅读。对于琐碎的时间，要点点滴滴珍惜。

2. 讲究效率

做事要有一个优先的程序和顺序。例如，装瓶实验倒过来就不行。只要把握好事情的轻重缓急，进行计划，就会提升工作效率。俗语说“凡事预则立，不预则废”，时间管理要讲究“计划”；中华武术讲究“百法有百解，唯快招无解”，商界讲究“快鱼吃慢鱼”，军界讲究“兵贵神速”，这些都强调反应的速度、创新的速度，强调效率。

对于学生来说，进行职业生涯规划，可以有效地帮助其树立正确的职业方向。方向正确，结果自然正确，但是不同的人有一点还是不一样的，那就是你将用多久来达成目标，成就自己。这就要讲究效率，尽快实现目标。

四、时间管理的方法

1. 明天要做的第一件事情是什么

这是美国著名记者、被称为“现代公共关系之父”的艾维·李提出的。艾维·李认为，每天要问自己：“明天要做的第一件事情是什么？”记录下来后再继续自问：“下一件事情是什么？”依次类推，直至记下六七个行动计划。第二天就按照昨天已决定的并且记录下来的计划实施。晚上反思今天任务的完成情况及完成质量，分析原因。没有完成的推迟到第二天完成。由于目标很清楚，因此完成任务的目的性强、效率高。

当然，任何事情在执行中都可能出现偶然因素，不能按时完成，这时就需要努力克服障碍尽快完成。

2. 90分钟计划

人的精力、意志力、集中注意力的能力会随着一天的时间流逝而变得越来越差，那些被推迟的、有挑战的工作或任务最后都没有做，而恰恰这些最困难的被推迟的工作能够产生很大的价值。因为面对的事情太多，人们还会在潜意识里想办法来逃避一些工作，用太多的时间来做一些琐碎的、价值低的工作，如发邮件、打电话、沟通、整理和清扫等。

为了更好地进行时间管理，提高工作效率，工作效能专家托尼·施瓦茨对“重要工作”进行定义，认为任何能增加最持久性价值的工作就是重要工作，而这个工作往往就是我们一再往后拖延的重要不紧急的工作。因为我们经常习惯于、更愿意去做那些更紧急、更容易完成、能够更快带来成就感的事情。

托尼·施瓦茨提出了“90分钟计划”，就是不管每天做什么事情，身体承受的集中注意力的最佳时间是90分钟。早上，人们从充分的休息中进入学习状态或工作状态，注意力最集中，所以此时应该安排做最重要的工作。

思考

我们可以根据重要性和紧急性将事情分为四类，即重要紧急的事情、重要不紧急的事情、不重要紧急的事情和不重要不紧急的事情，在图5-3中分别以A、B、C、D代表。请思考，你每天经历的事情中，哪些是重要紧急的事情，哪些是重要不紧急的事情，哪些是不重要紧急的事情，哪些是不重要不紧急的事情。

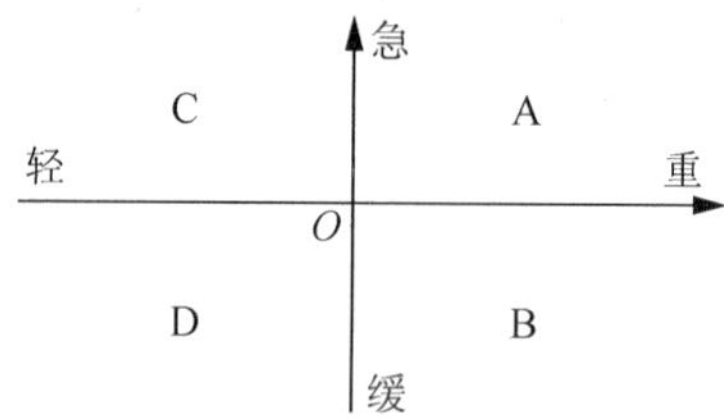

图5-3　事情的分类模型

重要紧急的事情要优先安排，重要不紧急的事情要长期做，不重要紧急的事情有时间可以做，不重要不紧急的事情可以尝试让别人做或者放弃。

职业生涯规划案例

我知道事情有紧急和重要之分，如每天的学习是重要但不紧急的，需要安排时间扎实地认真掌握；老师临时布置的任务是紧急的，需要马上安排时间去完成；到企业考察和兼职锻炼是重要的，可以安排业余时间有计划地去完成；同学找我去看电影、逛街，虽说紧急但是不重要，可以看情况做决定。

我决定：

1）每天5点50分起床锻炼身体。健康的身体是高效率学习的基础。晚饭后散步半小时，利用这个时间可以听英语文章、记英语单词。

2）课上认真学习文化知识和专业知识，课后及时写作业和复习，当天的学习任务要当天掌握，不给自己找借口松懈学习。

3）利用课间 10 分钟、一天三餐在食堂排队买饭等零碎时间，通过口袋书、手机看一些短文、新闻、知识，丰富自己。

4）在夜自修时间，多请教老师，通过老师的讲解更深刻地理解和掌握使自己困惑的知识。通过与老师的交流，可以获得很多教材以外的知识及鼓励，这让我有更大的动力去学习。

5）始终坚持一个信念，那就是当日事、当日毕。做到凡事有计划并在可以的情况下提前完成，这样可以保证我有良好的学习和工作效率。

我的职业生涯规划

1. 一天的时间安排

不要怕麻烦，静下心，将一天的学习、工作等内容填入表 5-2 中，看看在一天的时间内，哪些事情是紧急重要的，哪些事情是重要的，哪些事情是紧急不重要的，哪些事情是不重要不紧急的。然后思考第二天的时间和工作如何安排更合理，更能有效地利用时间，提高学习和工作效率。

表 5-2 一天的时间安排

时间	学习	工作	其他	备注
6:00～7:00				
7:00～8:00				
8:00～9:00				
9:00～10:00				
10:00～11:00				
11:00～12:00				
12:00～13:00				
13:00～14:00				
14:00～15:00				
15:00～16:00				
16:00～17:00				
17:00～18:00				
18:00～19:00				
19:00～20:00				
20:00～21:00				
21:00～22:00				

2. 时间管理心得

如果了解了每天的时间安排并进行了思考，就将对时间管理的心得写下来。

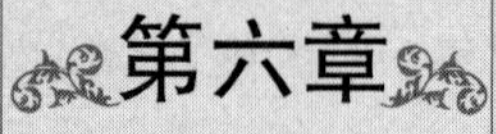

第六章

职业生涯管理

职业生涯故事

王建设定好自己的职业生涯目标和行动后，他开始付诸的行动，每天都会按照自己预先设定的计划行动。但是王建发现，有时候预先安排的一些事情，往往会因为一些外在环境、人或事的干扰，而不能顺利实施。王建陷入沉思，他觉得，社会上各个因素的变化更大，甚至随着环境的变化，人在经历了一些事情后，可能连想法都会发生改变。所以即使规划好职业生涯，在以后的实施过程中还要随着具体的环境变化进行相应的调整。在调整过程中要保持积极乐观的心态，这样职业生涯才会走得顺畅。

职业生涯管理是指对职业生涯规划的实行、组织、指挥、协调和控制，使我们高效率完成既定的职业目标。职业生涯是每个人都要经历的，却不是每个人都能意识到需要管理。没有管理的职业生涯是盲目的，没有职业生涯的管理是片面的。

一、职业生涯管理的必要性

职业生涯管理的必要性主要体现在以下四个方面。

1. 职业生涯管理有利于强化并完善职业目标以有效实现

对中职生来说，确定生涯目标后，接下来就是按照规划的部署去组织、执行，在执行过程中有效地利用时间，根据环境和条件的变化及时调整并规范自我行为，保证职业生涯目标的有效实现。

2. 职业生涯管理有利于增强对环境的把握能力和对困难的控制能力

职业生涯发展过程中，会遇到很多外在的条件发生变化。例如，经济形势和产业结构发生调整，使就业岗位与自己的规划发展目标产生差距；行业发展趋势的变化，技术和工艺水平的更新；单位里由于业务需要，进行岗位和职务的调整，使人际关系发生变化；等等。职业生涯管理可以有效地根据原先确定的目标和措施来规范自己的行为，有效地根据外部的条件变化来调整发展目标和措施。这些都有利于增强自己对环境把握的能力和对困难的控制能力。

3. 职业生涯管理有利于个人处理好职业生活和其他生活的关系

良好的生涯规划和自我管理可以使我们从更高的角度看待在工作和学习中遇到的各种问题，将生活和工作中各种不相关的事件联系起来，服务于职业目标，使职业生活更加充实和富有成效。例如，进入职场后，工作之余，人们有交往的需求以建立一定的人脉关系，有接受培训学习的需求以提升自我能力，有休闲娱乐的需求以丰富自己的精神世界，有家庭生活的需求等。职业生涯管理能考虑职业生活同个人追求、家庭目标等其他生活目标的平衡，避免陷入顾此失彼、两面为难的困境。

4. 职业生涯管理可以实现自我价值的不断提升和超越

进入职场工作的最初目的可能是谋生，进而追求财富、地位和名望，这符合马斯洛的需要层次学说。职业生涯管理能够在原有规划的基础上，根据内在条件和外在条件的变化，对职业目标进行提炼，可以使工作目的超越财富和地位之上，追求更高层次自我价值的实现。

二、职业生涯发展阶段

要进行职业生涯的有效管理，必须先了解关于职业生涯发展的相关知识。因为我们在不同的年龄，处在不同的职业生涯发展阶段，职业生涯管理的重心不同。职业生涯专家萨珀将职业生涯划分为五个阶段，即成长阶段（0～14 岁）、探索阶段（15～24 岁）、创业阶段（25～44 岁）、维持阶段（45～64 岁）和衰退阶段（65 岁以上）。在探索阶段又分为试探期、转变期、尝试和初步承诺期。在创业阶段分为建立期和稳定期。在这里我们重点谈谈创业阶段和维持阶段。

中职生的年龄一般为 16～18 岁，处在职业生涯发展的探索阶段。这个阶段的主要任务是确定专业，通过学科学习与职业了解大致确定自身发展方向，初步确定职业发展方向。在这个时期，我们要发现并发挥自己的优势，通过一些社会实践活动和与职场人交流，体验并思考职业与人生。

毕业后，学生面临升学和就业两种选择。如果继续升学，那么要专注于学业的掌握和能力的提升，积极修炼、发展、管理自己，为步入社会和职场做好准备。如果直接就业，那么就要入对行、跟对人，在不断的职业探索、体验中确定职业定位，融入、适应社会。

进入职场的前 7 年，一般年龄在 30 岁前，处于职业生涯的建立期。这个时候要注意端正工作态度、学习正确的工作方法，要学会利用工作 8 小时之外的时间进行自我培训、提升职业能力，要管理自我、不浮躁，了解工作、学会成为职业人，理解并真正融入这个社会。这个时期，要树立没有能力就没有选择权、工作满意度取决于工作投入度、干什么就要像什么、干好了再说不满意等观念，通过良好的职业态度和品行，建立属于自己的成长资源。

在职业生涯的稳定期，已经准确认识自我、积累了一定工作经验和工作能力，也创建了丰富的人脉网络，建立了个人品牌。这个时候应继续立足岗位，学会整合资源，进行领导力修炼，快乐地工作，争取有更好的职场发展，同时建立家庭、生儿育女。

在职业生涯的维持期，往往在组织里承担更大的责任，成为高层领导；这个时候要重估个人职业生涯并作出选择；谋求业内影响力、谋求高层大舞台、稳定高层领导者，甚至找到接班人、成为他人导师；由于进入中年，在前期职业生涯的发展中投入大量精力，此时的身体状况不如从前，故要学会保健，远离亚健康；还要维护家庭，学习怎样做父母。这个阶段要树立的观念是发挥影响力、学会放弃、适时总结自己，保持家庭的和谐。

三、职业生涯规划管理方法

随着时间的推移，社会的发展和工作环境的变迁，一些职场工作条件和因素发生变化，使得原先设定的职业目标难以实现；人们思想的丰富及视野开阔和能力的提升，使原先的职业目标层次需要提升；还有在不同的年龄阶段，职业发展目标有所区别，所以这些都需要提前预设准备，出现变化的时候要进行调整。

职业生涯规划管理首先要做的是重新分析自我条件，了解自己能够做什么。可以通过以下七个问题了解自己。

1）喜欢什么工作？

2）专长是什么？

3）修正工作对自己的重要性是什么？

4）有哪些工作机会可供选择？

5）将要怎么做？

6）下一个工作将要做什么？

7）当做选择的工作时，将为下一个工作做好什么准备？

其次，职业生涯规划管理要做就业环境及职场发展环境的分析。通过“什么是我能干的？”“该职业的发展前景是我喜欢的吗？”“我最终成为什么样的人，这个企业能够为我提供平台吗？”等问题进行思考，分析评估职业生涯发展的机遇及可能遇到的困难。如果通过评估，认为原有的目标不再适合，那么就会形成新的职业发展目标。

最后，职业生涯管理要做工作绩效及工作动力的分析。例如，在目前的工作岗位上，通过“我干得怎么样？是否得到同事和上级领导的认可？是否需要改进？应该怎么干？”等问题进行自我审视，评估职业生涯发展过程中自身的工作态度、工作方法、工作能力及人际关系等，发现短板，通过调整心态、学习知识、训练能力、资源合作等措施以弥补和改进，提升职业竞争力，以保证职业生涯的顺利发展。

总之，影响职业生涯发展的因素有很多，有些变化是可以预测的，有些变化难以预测。为了让职业生涯能够按照规划顺利实施，生涯管理非常重要。因此，要经常对自我条件和环境条件进行分析评估，及时修正自己的规划，才能够在职业生涯发展道路上走得更高、更远。生涯管理需要注意七点：量己力、衡外情、定目标、选策略、重实践、善反省和再出发。

职业生涯规划案例

职业生涯规划对现在的我来说还只是预设我的人生发展轨迹，我会沿着我所设定的计划朝目标前进。但是随着社会的发展和环境的变迁，有一些因素可能会发生变化，这种变化将影响职业目标的实现，所以我需要提前做好准备。出现变化的时候就进行调整，如图 6-1 所示。

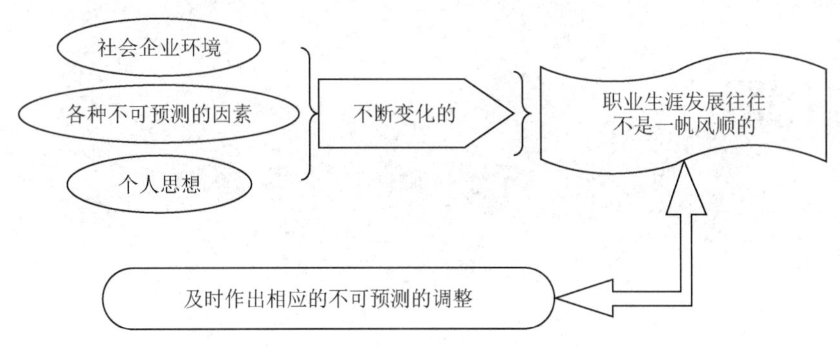

图 6-1　职业生涯规划的调整

我的职业备选方案如下。

1）如果发展顺利，就基本沿着规划的方向发展，最后创办机械加工厂。

2）如果不能创业，我就留在某个企业里做高级打工者。

改变是有的，我一定会朝着自己的方向前进，就像投篮一样，可以从另一种角度投进去。

我的职业生涯规划

1）预计在实施职业生涯目标过程中，可能出现哪一些环境或者条件的变化？

2）该如何作出调整？

3）是否考虑到职业备选方案，如果有，是什么？

第七章 行动中的准备

第一节 思想准备

职业生涯故事

王建基本完成了职业生涯规划设计，接下来，就面对行动环节。制定的计划如果没有行动就是一纸空文，没有任何价值。王建知道，制定的职业目标必须强化，只有这样，才能够每天提醒自己积极行动；遇到了困难和阻碍，也要学会寻找资源及时解决。当然，在规划实施的路上，还有很多潜在的机遇、问题、风险等，这些不确定的因素需要王建有足够的实力去应对，如知识、经验、人脉、抗挫折能力等。

一、坚定目标，鞭策自己

卡耐基说："我非常相信，这是获得心理平静的最大秘密之一——要有正确的价值观念。我也相信，只要我们能制定出个人标准，就是和我们的生活相比，什么样的事情才值得的标准，我们的忧虑有50%可以立刻消除。"我们已经制定了职业生涯规划目标，也就是10年、20年后我们准备做一个什么样的人，我们准备达成哪些目标。那么请静下心，不要被周围的环境、舆论所左右，坚定自己的信念，为实现职业生涯目标努力。

二、积极乐观，提升能力

有人曾研究过乐观系数，结果是，一个人经常保持正向乐观的心态，在处理问题时，他就会比一般人多出20%的机会，得到满意的结果。所以积极乐观的态度不仅会平息人面临压力和困难的紊乱情绪，也能使问题朝向正面的结果。

我们要认识到遇到困难的原因往往是自己的能力不足，因此解决整个问题的过程，就是增强能力、使自己成长的重要机会；当然也可能是环境或他人的因素，如果是这样，那么我们可以理性地与对方沟通解决，如果无法解决，也可包容对方，尽量以正向乐观的态度去面对遇到的每一件事。

困难的来源一般是对事物的不了解、对工作的不专业、对人员的不熟悉等，由此导致对于目标达成感到力不从心。那么最直接有效的方法，便是去了解、掌握情况，并设法提升自身的能力。逃避不仅不能解决困难，减少压力，自身的能力也得不到提升，原来的压力和困难依然存在，而且随着时间的推移，强度可能还会增大。你想好怎么应对困难和压力了吗？

三、理性反思，学会生活

人是社会的人，扮演着很多社会角色，如子女、学生、同学、朋友、职员、领导、父母等，在生活中，会遇到不同角色所带来的一些困惑，处在迷茫徘徊中。这时，我们要理性地反思，学会思考处理事情过程中的利弊得失，主动管理自己的情绪；要注重业余生活，留出休整的空间，与他人共享时光，交谈、倾诉、阅读、冥想、听音乐、处理家务、参与体力劳动都是使内心丰富、精神成长的良好方式；选择适当的运动，锻炼忍耐力、灵敏度或体力。只要持之以恒，不但生活美好，工作也会得心应手，对职业生涯目标的完成非常有利。

四、自我安排，加强沟通

当事情多的时候，总感觉时间不够用。解决这种紧迫感的有效方法是进行时间管理，不要让事情左右你，要自己安排自己的事。对工作要有前瞻能力，把重要但不一定紧急的事放到首位，防患于未然，如果总是在忙于“救火”，那么我们的工作将永远处于被动之中。所以在安排事物时，要权衡各种事情的优先顺序。

平时积极改善人际关系，加强与老师、同学、上级、同事及下属的沟通，当遇到困难和问题的时候要寻求相关人员的协助，不要试图承担所有压力。甚至还可寻求心理援助，如采取与家人或朋友倾诉交流、进行心理咨询等方式。

我们在热切期待目标实现的同时，重要的是做好当下手头的事情，集中智慧和热忱，把当天的工作做得尽善尽美。

五、日常减压，保持健康

生活中有很多压力，来自人际关系、学习成绩、工作效率、领导评价、经济水平和个人情感等方面。那么遇到压力后要及时减压，保持心理健康。以下提供几种在日常生活中减轻压力的具体方法，简单易操作，可以尝试。

1）早晨做好一天的准备工作。

2）同周围的人分享学习、工作和生活中的快乐。

3）一天中要进行适当休息和锻炼，使头脑清醒、身体健康。

4）生活中不要有太多的顾虑，可听音乐使自己放松。

5）不要急切地、过多地表现自己；提醒自己做任何事不可能都是尽善尽美的。

6）学会说“不”，培养豁达的心胸。

另外，集中注意力控制一些生理变化，也可以增加精力和耐力，帮助因压力引起的疲劳斗争，如逐步放松肌肉、深呼吸、加强锻炼、充足的睡眠、保持健康和补充营养等。

职业生涯规划案例

我遇到了一些麻烦，目前来说主要是人际关系方面的。这使我莫名地烦躁，它开始干扰我的学习和生活。怎么办呢？我想起了理想、未来的职业发展目标。一个成就大事的人一定不拘小节，不能被这些琐碎的事情所影响。我应该积极地面对生活中出现的问题，提升我的能力，加强与同学的沟通，这将有助于我解决问题，并让我更好地学习、工作、生活。

我的职业生涯规划

写出曾遇到的困惑、困难和压力，曾经采取的办法，以及现在采取的办法。

第二节　方法准备

职业生涯故事

王建在制定职业生涯目标时，发现有几种选择：在就业区域上，可以去广东打工，因为有一个亲戚在广东办厂，就业机会、薪酬水平及发展潜力大；可以留在椒江，离父母近，可以在工作之余多关心和照顾父母；可以创业，自己做点小生意。在众多的选择中，如何更好地确定职业目标，使自己的求职成本最低但效益最大。他开始了探索。

职业生涯规划过程中，我们会遇到很多影响决策的因素，如工作地域、企业知名度、工作环境、岗位薪水、父母态度、同学和朋友要求、工作内容、职场发展潜力、社会声望、兴趣爱好等。为了更好地帮助自己做决策，这里介绍一种方法——生涯平衡单法。

影响决策的因素可以分为两大类，即自我的和他人的；两大类中又分别可细分为精神的和物质的。这样就形成了四个类别，即自我精神的、自我物质的、他人精神的和他人物质的，这四个类别就是影响因素的分类。

一般情况下，自我精神的因素包括兴趣、爱好、生活方式、被认可尊重、成就感、自我价值实现、生活方式及生活状况的改变等；自我物质的因素主要包括工作环境、工作内容、升迁机会、薪酬高低、健康状况、休闲生活和培训机会等；他人精神的因素包括家人的认同、朋友的认同、家人的担心和家庭收入的损失等。他人物质的因素包括家庭收入、家庭地位、分担家庭事务、与家人相处时间和与朋友相处时间等。

要注意的是，四个大类的影响因素是可以根据自己的实际情况进行增减的，不一定全部涉及，涉及自我因素、环境因素、职业因素等都可以，主要是找到认为有影响力的、重要的、关键的因素。在选择的时候要顾及工作、休闲、生活，亲戚、朋友、家人及情感生活的需求。

假设现在要做选择，那么先做一个量表。量表的制订步骤如下。

1）将可能影响决策的因素列出，归到四大类中。

2）将每一个类别的影响力设置加权分，权分值从“+5”到“−5”表示，中间为“0”。其中，“+5”表示很重要，“+4”次之，依次类推，“−5”表示最不重要，“0”表示可有可无。

3）列出一张表格，表格中的要素如下。

① 横标题为影响决策的因素、权重、职业选择 1、职业选择 2、职业选择 3，以及选择项目下设置加权分。

② 纵标题为具体影响因素的细类，如表 7-1 所示。

表 7-1　生涯平衡单

选择项目 / 影响决策的因素	权重	职业选择 1		职业选择 2		职业选择 3	
		加权分（+）	加权分（−）	加权分（+）	加权分（−）	加权分（+）	加权分（−）
个人物质方面的得失							
1．工作环境							
2．工作内容							
3．收入							
4．升迁的机会							
5．休闲时间							
6．生活变化							
7．对健康的影响							
……							
他人物质方面的得失							
1．家庭经济							
2．家庭地位							
3．与家人相处时间							
……							
个人精神方面的得失							
1．兴趣的满足							
2．成就感							
3．其他							
……							
他人精神方面的得失							
1．父母							
2．师长							
3．其他							

分析：

③ 如果一些影响因素显得特别重要，可以在重要因素或者关键因素上设置权重，权重值为 1～5。一般重要的为 1，特别重要的为 5，主要取决于选择人的想法。计算的时候，用加权分乘以权重值。

4）根据各个栏目内的分值进行计算。计算分值的时候，在每一个职业选择项目内，该乘的乘，该加的加，该减的减，然后累加。

5）根据各个职业选择分值的结果进行决策。一般分值最大的是最终选择项。

职业生涯规划案例

在就业企业选择方面，我从台州市人力网站上找到两个有意向的企业，一个是宝石缝纫集团，另一个是浙江新阳光传动设备有限公司。为了作出更好的决策，我使用了生涯平衡单法，具体操作如表 7-2 所示。

表 7-2　我的职业生涯平衡单

选择项目 / 影响因素	权重	宝石缝纫集团（椒江）		浙江新阳光传动设备有限公司（临海）	
		加权分（＋）	加权分（－）	加权分（＋）	加权分（－）
个人物质方面的得失					
1．工作环境	2	2		4	
2．工作内容	2	2		5	
3．收入	2	2		4	
4．升迁的机会	1	1		3	
5．休闲时间	1	1		3	
6．对健康的影响	2	0		0	
……					
他人物质方面的得失					
1．与家人相处时间	4	5			－4
……					
个人精神方面的得失					
1．兴趣的满足	2	2		3	
2．成就感	1	1		5	
3．其他					
……					
他人精神方面的得失					
1．父母	1	3			－3
……					
总计		42		24	

分析：

由于我顾家，希望有较多的时间照顾父母，因此在影响因素方面与家人相处时间的权重比较高。

对于两个有意向的企业，通过比较生涯平衡单，我最终选择了宝石缝纫集团，虽然在工作环境、内容和收入方面，浙江新阳光传动设备有限公司有更大的吸引力，但是综合各个因素，宝石缝纫集团对我来说更合适。

我的职业生涯规划

首先，写出职业目标，罗列影响作出决策的因素，填入表 7-3 中；其次，根据影响力的大小决定加权分，对于重要的、关键的因素设置权重；再次，计算出来，进行选择；最后，进行自我分析。

表 7-3 我的职业生涯平衡单

选择项目 影响决策的因素	权重						
		加权分（+）	加权分（−）	加权分（+）	加权分（−）	加权分（+）	加权分（−）
个人物质方面的得失							
1.							
2.							
3.							
4.							
5.							
6.							
……							
他人物质方面的得失							
1.							
2.							
3.							
……							
个人精神方面的得失							
1.							
2.							
3.							
……							
他人精神方面的得失							
1.							
2.							
3.							
……							

分析：

附　　录

附录一　职业群数控专业相关的工作岗位及要求

从字面上理解，职业群是指职业岗位群体所包括职业岗位互相联系的一个职业系统。

以设计专业为例，设计专业的职业岗位群主要包括以下几个。

1）产品造型设计［工业设计（industrial design）］。

2）广告设计（平面媒体、电视媒体、网络媒体）。

3）人物形象设计（化妆发型服装上面的人物形象设计、动画类的人物形象设计）。

4）新媒介艺术设计（传统艺术媒介主要为纸张、版画等，新媒介多是二维静帧艺术作品）。

5）装饰艺术设计（依附于某一主体的绘画或雕塑工艺）。

6）摄影艺术专业（摄影专业具备电影、电视、广告、图片摄影摄像能力，能在电影厂、电视制作部门、广告宣传部门、音像出版部门从事摄影艺术创作、教学和研究工作的高级专门人才）。

7）设计学（进行理论研究）。

8）服装设计（设计服装款式的一种行业）。

由以上设计专业岗位群可知，就业要从职业岗位群体出发，如果只针对某一岗位，学生毕业后不仅就业较难，更为突出的是创业与发展更难，这样就很容易被淘汰。为了突出以职业岗位群体为本，要注重一专多能，对于实践性教学的技能训练尝试实行“梯级式”。

同样以设计专业为例，学生技能训练被分为六个梯级：第一级是美术技能；第二级是设计软件技能；第三级是设计理论知识；第四级是前沿设计理念的培养；第五级是实践技能；第六级是岗位适应技能（包括校外顶岗实习）。

这六个梯级技能的训练，分别安排阶段性完成，每个阶段学好一种技能。学校在课程设置上不仅注重其职业的热门程度，还考虑学生毕业后创业与发展的需要。

附录二　数控专业相关的工作岗位及要求

例 1　某企业高级电气工程师（裁床）

职位要求：

1）28～40 岁；有 5 年以上行业工作经验。

2）大专及以上学历，有电气自动化、自动检测与自动控制、电子技术、机电一体化及相关专业教育背景。

3）精通工控机、伺服电动机、变频器等系统软、硬件及多轴运动控制的开发及应用。精通 C 语言、VC 编程。

4）工作认真负责，吃苦耐劳，富有团队精神，具有良好的沟通协调能力。

5）有数控机床设计、制造经验，懂德语或英语者优先。

6）根据工作需要和语言能力，在德国及国内两地工作。

例 2　某企业模具项目工程师

职位要求：

1）有 3 年以上日用品产品开发项目管理经验。

2）能担当项目导入、设计、评审、制造、包装和测试的策划与管理。

3）了解产品设计、模具设计、加工工艺、注塑原理及成型工艺。

4）熟悉常用设计相关软件及办公软件。

5）能主持评审会议，对项目开发进度有整体统筹控制能力。

6）精通塑料特性及行业应用标准，熟悉 QS 相关标准。

7）对项目成本分析有一定经验，并具备控制能力。

8）熟悉市场价格行情，具备项目评估报价能力。

例 3　某企业铣床师傅

职位要求：

1）有两年以上铣床工作经验。

2）能独立识别各种视图。

3）能熟练使用各种辅助加工工具。

4）能独立完成各种机械面板加工。

5）身体健康，做事认真负责，吃苦耐劳，执行力强。

6）有在自动化设备厂工作经验者优先。

附录三　营销专业学生职业生涯规划案例

生涯规划，我有我的一片天！

规划者　王晓琳

专业　电子商务与市场营销

指导老师　张俊亮

目　录

一、就业形势分析

在2010年全国普通高校毕业生就业工作视频会议上，教育部部长袁贵仁直言：国际金融危机对我国就业的不利影响还没有消除，如果说2009年是经济最困难的一年，2010年可能是最复杂的一年，整个宏观层面就业形势就很严峻。那么，2010年的毕业生人数为630万，再加上往届没有就业的，需要就业的毕业生数量有可能达到700多万。

2009年12月12日，我参加了“浙江省2010届高校毕业生高职制造类专场招聘会”（位于台州高教园区）。参加招聘会的有台州及上海、江苏等地的585家用人单位，共提供1.3万个岗位，招聘会吸引了1万多人参加。

在招聘会上，我发现绝大部分企业设置的岗位要求大专及以上的学历，我很难找到要求中职生学历的就业岗位。我看到好多大学生在一些单位面前签订就业意向，但是被告知要等待通知。大学生找工作都这么难，中职生的就业形势更不乐观。作为中职生的我们如何在激烈的就业形势中求生存求发展？如何提高自己的就业竞争力？如何提高工作能力在以后的工作岗位有所发展？等等。这些都需要有一个规划。我应该要好好地准备！

二、专业就业分析

1. 我的专业

我在职业中专读的是市场营销专业，在学校里，除了学习中专的文化课以外，还学习了市场营销基础、营销策划、商务谈判、推销实务等专业知识。在学校和老师的安排下，我们还不定期地参加一些营销的实践活动，既锻炼了营销专业技能，又了解到社会对岗位的要求。通过在校的学习，我初步具备了营销人员应具备的专业知识和技能，相信自己能够在社会上从基层做起，靠努力成就一番事业。

2. 营销专业就业去向

现在各类产品和服务的市场竞争越来越激烈，企业也越来越重视市场营销，企业对营销人员的需求不断增加。例如，汽车营销人员的需求量不断增加，还有保险行业、房地产行业、快速消费品行业、服务性行业等。2009年第一季度国家人事部公布的全国人才市场供求排名显示，市场营销排在招聘专业的第一位、求职专业的第二位。这个数据说明了市场营销专业的就业前景很好，整个市场急需营销人员，专业的就业方向比较宽。

3. 企业对营销人员的要求（如台州部分企业提供的招聘岗位及要求实例）

1）宁波海曙锐思特汽车用品有限公司台州分公司。

招聘对象：电话营销。

具体要求：高中以上学历，声音甜美，普通话标准，沟通能力较强；性格开朗，工作态度佳，学习力强；有进取心，热爱营销工作。

招聘对象：客户经理。

具体要求：高中以上学历，吃苦耐劳；年龄、性别不限；台州户籍优先；有交通工具者优先；头脑灵活，有销售工作经验。

2）当家人便利店有限公司（台州分公司）。

招聘对象：店长、督导、营运经理。

具体要求：高中以上学历，有敏锐的市场洞察、调研、分析能力，有较强的语言组织能力、较强的团队意识，有高度责任心和职业道德，有闯劲的应届毕业生亦可。

从以上两个企业的招聘要求可以看出，现在企业招聘要求的不仅仅是学历，更重要的是工作态度、工作能力及做人的品质等。我对自己越来越有信心，虽然我现在只有中专学历，但是我相信我的能力和人品、态度绝不逊于其他高学历者。（“加油，王晓琳！”我对自己说。）

4. 通过走访前辈，了解到营销员应该做到的工作职责

参考企业对营销人员的要求，以及通过走访学姐、超市的营业员、企业的业务员、超市的促销员等，我总结出作为营销员应该做到的工作职责：①代表企业与市场、顾客进行沟通；②根据公司总体营销战略去分析市场；③制订客户开发计划并落实执行，建立良好的客户关系；④传播公司品牌及产品知识，拓宽业务渠道；⑤不断扩大公司产品的市场占有率；⑥及时处理好客户投诉，保证客户满意，提高企业信誉；⑦做好市场、客户的信息收集工作等。

5. 根据工作职责，我应该提高的工作能力和素质

1）营销员、业务员因为涉及与不同的客户交往、市场调查、产品推广、客户维护等工作，所以必须具备广博的知识（不仅包括业务知识，还包括其他领域的知识），还需要了解客户心理、懂得客户的需要。在与不同部门和客户交流过程中还需要有很强的沟通表达能力。在业务交往中因为可能涉及金钱的流通，所以还需要有良好的人品。如果在交际中被客户认可人品，对于业务量的提升是有很大的帮助的。

2）开发市场方面要有计划、有目标、有方法。遇到挫折、客户有异议时要具备良好的心态，不要因为被人拒绝而气馁，或者自我否定。要有风险意识，防止出现不良营销，学会应对措施的方法。

3）要求责任心强，肯吃苦耐劳，做事富有激情和主动性，诚实可信，富有团队合作精神；乐于学习，敢于创新，追求卓越，敢于接受挑战；能够按时完成上级下达的各项任务等。

总体而言，市场营销专业是市场需求最大的专业。任何企业都需要市场营销人才，所以就业前景是很乐观的。但该专业领域竞争大、要求高。对于中专生来说，如何提高自己的知识、技能，是迫在眉睫的大事。我必须认真筹划如何提高自己的能力。

三、自我分析

1. 家庭的影响

我父母是做生意的，他们的创业经历以及艰苦奋斗的精神深深地影响了我，使我对生意上的事情有很大的兴趣，并立志要有自己的事业。因为家中还有妹妹，父母忙于工作无暇顾及，照顾妹妹的责任就落到我的身上，所以我较早地懂得了自理、如何关心和照顾别人。生活的磨炼使我养成了不怕苦、不怕累、认真努力、脚踏实地并坚持不懈的性格。

2. 心理特征分析

1）个性

- 我性格直爽，对人热情、喜欢帮助人。同学或朋友有什么事情都找我帮忙。
- 我脾气好，所以在朋友们眼里我总是笑眯眯的。
- 我勤奋、认真、有责任心。因为要强，所以凡事都要做到最好，成功的欲望比较强。

2）兴趣爱好

- 我喜欢看营销类书籍，从小就希望开拓自己的事业。
- 我喜欢看中央电视台的《财富人生》栏目。
- 我习惯将平时的收入与支出都记入专用笔记本上，这让我养成有计划地做事习惯。
- 我经常和同学打排球。运动可使我拥有健康的体魄，还能锻炼与他人合作的能力。
- 我喜欢书法，坚持每天练习。练字使我变得有耐心，遇事能心平气和。

3）能力

能力优势：

- 我从小在农村长大，具有艰苦朴素和吃苦耐劳的精神。
- 我做事认真勤奋、踏实、讲求原则。
- 我胸怀目标，具有追求成功的勇往直前的干劲，不怕失败。
- 我做事谨慎小心、不冲动，稳步前行。
- 我对待别人比较细心、有耐心，善于交际。

能力弱势：

- 我遇到事情的时候不够机智，变通能力不强。
- 我处理事情的时候不善于全面系统地分析并解决问题，喜欢根据经验做事。
- 我比较注重人际关系，领导才能还有待提高。
- 我有时会比较懒散，爱推托。

4）我的价值观

我认定：无论从事什么样的工作，只要通过自身的刻苦努力，必定可以到达成功的彼岸。

3. 360° 评估优点和缺点

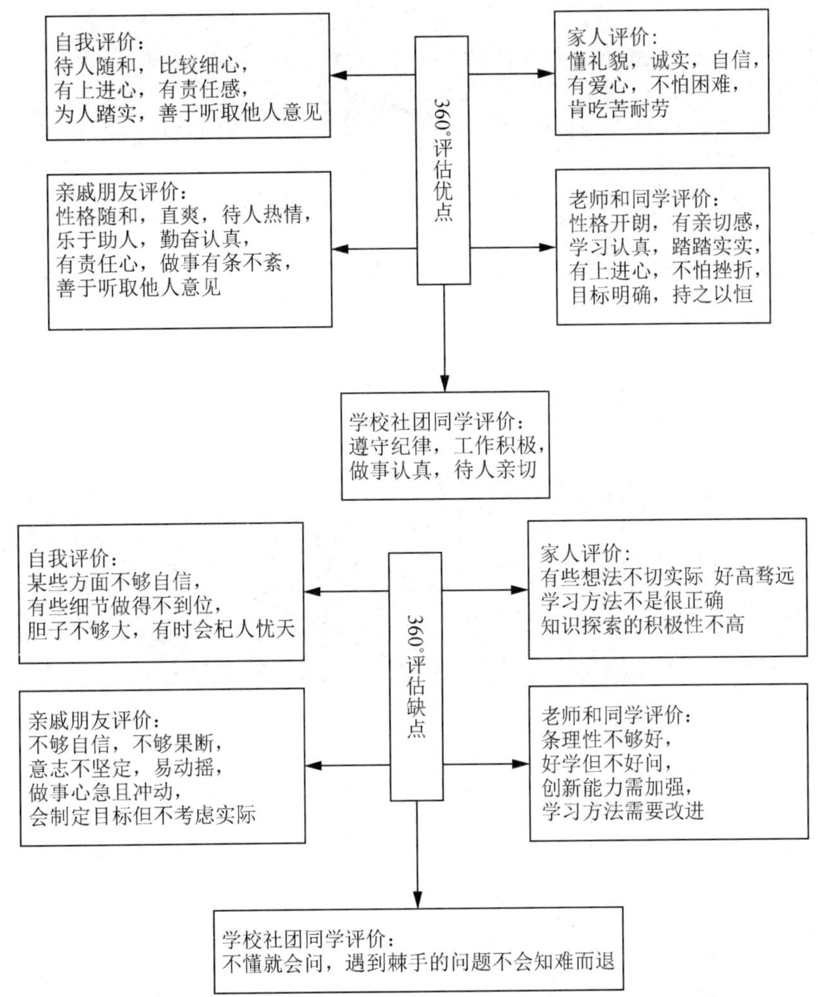

4. 自我认知小结

经过客观的自我分析，我充分了解了自己，认为自己适合从事营业员、业务员或推销员的工作，并相信通过自己的努力，会在营销领域里有所作为和发展。

四、职业生涯规划设计

<table>
<tr><td colspan="4">职业生涯规划表</td></tr>
<tr><td>规划年限</td><td>10 年</td><td>起止时间</td><td>2010～2020 年</td></tr>
<tr><td>职业去向</td><td colspan="3">从事营销领域的工作</td></tr>
<tr><td>职业路线</td><td colspan="3">营业员、或营销员、业务员、营销师、营销主管</td></tr>
<tr><td colspan="4">职业生涯规划表</td></tr>
<tr><td>短期目标
2010～2012 年</td><td colspan="3">1. 通过在校期间的各种考试，按时获得中专的毕业证书和营业员中级职业资格证书
2. 通过在校外实习一年，计划到当家人便利连锁超市工作
3. 实习工作结束时，争取以出色的工作业绩由营业员向店长进军·
4. 计划报考并通过成人高考，攻读市场营销专业函授大专班</td></tr>
</table>

续表

职业生涯规划表	
中期目标 2012～2015年	1. 通过自学，报考并参加国家职业资格考试，获得营销员中级资格证书 2. 工作中，继续在当家人便利连锁超市工作，争取通过自己努力，做到督导职位 3. 通过函授和自学，顺利完成大专的学业，获得毕业证书
长期目标 2017～2020年	1. 在当家人便利连锁超市工作，争取通过自己努力，做到营运经理职位，如有可能还可以做到营运总监职位 2. 工作中以公司的利益为主，同时注重自身各方面能力的提高，多为公司创造利益，成为一个比较优秀的营销主管人员 3. 通过参加国家职业资格考试，获得营销师证书

五、职业生涯规划的实施

我的职场规划为在当家人便利店有限公司发展，计划晋升方向如下图。

1. 短期目标（2010～2012年）

在椒江职业中专期间，我要切实掌握营销专业知识，如市场营销基础知识、会计基础、商品知识、推销实务、市场营销策划、商务谈判、营业员等级考试知识和礼仪等，获得较好的成绩，同时掌握熟练的专业操作技能。

我在班级里担任副班长一职，并且在学校社会实践工作室担任副主任，所以我会利用我的个性优势积极组织和参加班级、学校的各种社团活动，还有社会上的一些实践活动，提升我的组织能力、社会交往能力、工作能力及与他人合作的能力等。

因为表现出色，我获得“优秀学生干部”、“工作积极分子”等荣誉，但在即将走出校园面向社会实习一年的我，对未来还是感到迷茫，因为未来对我们来说还是有很大的不确定因素。我将何去何从呢？

通过老师的介绍，我了解到温州的当家人便利连锁店“进军”台州，而且今年5月1日开出了10家分店，计划在今年年底开到200家分店。现在正是大量招人和培养后备干部的时候。便利店人力资源部的负责人还到我们班级里招聘员工，并向我们发出了真诚的邀请。对未来正徘徊的我，听到这些话好像有了方向、出路，我马上就想到我可以去当家人便利连锁超市担任营业员。接受他们组织的员工培训，遇到不懂之处多向前辈学习，工作时以微笑面对顾客，给顾客留下一个好印象，争取提高自己的工作能力，由营业员向店长进军。

利用在当家人便利连锁店当营业员的机会，学会与各种职业、年龄层次的客人打交道，学习尊重别人，仔细揣摩客人的消费动机，使客人高兴而来、满意而归；学会与同事合作、与上司相处，使我们之间的关系保持融洽，和谐；学会及时处理好客户投诉，保证客户满意，提高企业信誉；学会做好市场、客户的信息收集工作等。

当然以我目前的知识水平和社会阅历，很显然是不够的。所以我计划在 10 月参加成人高考，争取考入高等学院攻读营销学专业的大专函授班，进一步深造，让自己学得更全面，更有能力去实现自己的目标。通过在校期间的各种考试，并认真实习一年后，按时获得中专的毕业证书和营业员中级职业资格证书。

2. 中期目标（2013～2015 年）

我会继续留在当家人便利连锁超市工作，因为一个人职业能力的提高，主要原因是在一个比较稳定而且有提升空间的企业工作。如果经常跳槽，那永远会处于基层，很难融入企业和企业的文化里。工作中，我会掌握便利店的理货、收银、理账等工作，学会与顾客交流，与同事友好相处，同时关注管理员工的技巧等。根据公司总体营销战略去分析市场；我还要做计划、及时汇总等工作，及时发现缺点以弥补不足，多为公司提建议，用有特色的优质服务吸引更多顾客，争取通过自己良好的业绩和努力的工作做到督导的位置。

俗话说“活到老学到老”，学习上不要落后，我会认真看书，参加国家职业资格考试，获得营销员中级职业资格证书。顺利完成大专函授的学业，获得毕业证书，为自己的人生道路添上成功的一笔。

3. 长期目标（2016～2020 年）

我会继续在当家人便利连锁店工作，在督导职位的基础上，争取通过自己的努力，做到全区域的营运经理职位，如有可能还可以做到营运总监职位。我的适应能力比较强，我相信只要有责任心、努力工作、做事细心，就能作出业绩。工作中以公司的利益为主，同时注重自身各方面能力的提高，多为公司创造利益，成为一个比较优秀的营销主管人员。我计划报考并通过参加国家职业资格考试，获得营销师证书。

六、职业生涯规划的调整

理想和现实之间总有一定的差距，现在我是在校生，缺少社会阅历和工作经验，所以对社会上的情况不了解。再加上社会在不断向前发展，职场环境也在不断地变化，规划中的职业经历也可能会发生一些变化，如公司在经营过程中可能出现的风险、人员的调整、经营方向的变化、领导人的最终决策等，这些都不是由我们决定的。所以虽然我现在计划以当家人便利连锁店为我的职业发展方向，但是在以后的实际工作和生活中会有一些变数，所以一旦有了变化，我要依据实际情况进行相应的调整。

不论如何变化，我的职场规划中有一个方向，那就是稳定在一个有良好发展态势的企业里，从基层做起，通过自己的实力获得同事和领导的认可，职位也因而逐渐得到升迁。

为了能够顺利地沿着规划的方向发展，并且很好地应对以后从业中的问题，我将做到以下几点。

1）开放思维，发掘自己的兴趣，并将其向最大化、专业化发展。

2）树立一专多能的信念，不断培养自己各方面的能力。

3）培养工作中的责任心及良好的学习力。

七、结束语

不论你从什么时候开始，重要的是开始之后就不要停止。能飞的时候就不要放弃飞，能梦的时候也不要放弃梦。

职业生涯的规划，让我开始完整地思考并设计自己的人生：我是一个什么样的人，我的未来会怎样，我将从事的职业及职业发展方向是什么。今后，我将用自己的实践活动来实现我的规划。

附录四　会计专业学生职业生涯规划案例

把握机会，全力以赴！

制定者　冯　玲

专　业　会　计

指导者　张俊亮

目 录

相信自己的人生有无限的可能

前　言

每个人心中都有一座山峰，雕刻着理想、信念、追求、抱负；

每个人心中都有一片森林，承载着收获、芬芳、失意、磨砺。

一个人，若要获得成功，必须拿出勇气，付出努力，拼搏、奋斗。

成功，不相信眼泪；成功，不相信颓废；成功，不相信幻影。

未来，要靠自己去打拼！如同种子需经历的成长发芽一般！

我相信：

我的人生在规划下，经过努力拼搏，一定会如雨后的嫩芽茁壮地成长，最后将长成参天大树。

一、会计的工作职责

我所学的专业是会计。会计是一门热门的专业，我在学校里除了上语文、数学、英语课程外，还上了财务会计、基础会计模拟实训、计算机等课程，基础会计模拟实训让我们近距离地与一些票据接触，如增值税专用发票、记账凭证，知道了怎样记账、登账、结账，并能准确地掌握与使用。

为了更好地了解会计行业的情况，我到人才交流市场去咨询招聘的企业、单位及其招聘要求，向一些师兄师姐们咨询，采访会计事务所的会计师等，通过与这些前辈们交谈，我了解到从事会计这个行业应该具备的一些职业道德、职业能力和要求。例如，企业对会计从业人员都有学历、职业资格证书、工作经验、专业、工作能力、职业道德、职业态度等要求。特别是职业道德和态度方面，一般会计岗位的学历要求会低一些；但是随着职位的升迁，从会计主管到会计总监等岗位，对学历、职业能力的要求会越来越高。

如浙江吉利控股集团有限公司招聘会计主管的要求如下。

工作职责：

1）负责公司内部及关联公司的协调。

2）按期编制英文报表、财务分析，提供公司领导决策及母公司所需的财务数据。

3）负责公司税务筹划。

4）负责配合内外部审计等其他事宜。

任职资格：

1）自律，良好的沟通协调能力及团队合作精神，责任心强。

2）本科，会计、税务或相关专业，熟悉国际贸易公司的业务流程，注册会计师资格者优先。

3）CET-6 或同等能力，具备良好的外语沟通能力。

4）有两年以上财务工作经验。

还有另一家企业的招聘要求如下。

1）具有 5 年以上会计工作经验，有会计上岗证。

2）熟悉财经法律法规、财务管理理论及实务，熟悉收入、成本、费用、往来等核算工作，熟悉商业企业财务会计的核算流程。

3）熟练使用企业财务软件与办公自动化软件。

4）责任心强、作风严谨、工作仔细认真。

5）较好的人际沟通、协调能力和团队合作精神。

6）有大企业工作经验者优先。

结合我校在一些企业工作的师兄师姐到学校举办讲座、面对面的访谈活动，以及与身边会计人员、财务总监的交流，我知道要热爱本职工作、忠于职守、廉洁奉公、严守职业道德；认真学习国家财经政策、法令，熟悉财经制度；积极钻研会计业务，精通专业知识，掌握会计技术方法；严守法纪，坚持原则，执行有关的会计法规，维护国家利益，抵制一切违法乱纪、贪污盗窃的行为，要勇于负责，不怕得罪人，不怕打击报复；身体状况能够适应本职工作的要求。为此我搜寻了一些会计职位的工作职责，如下。

1）按照国家财务制度的规定，认真编制并严格执行财务预算计划，遵守并执行各项收入制度、费用开支范围和开支标准，分清资金渠道，合理使用资金，完成财税上缴任务。

2）按照国家会计制度的规定，根据合法的原始凭证正确、及时、完整地填制会计凭证，做到记账、算账、报账手续完备，同时使用会计科目准确，反映内容真实、清楚，数字正确，账目清楚，凭证齐全。

3）记账时注意核对凭证与交易是否相符，月末计提基金、费用正确，各明细账月末与总账核对，做到账账相符，准确并及时反映资金增减、变动及往来结算、费用开支情况。

4）经常清理往来账目，避免呆账，并对费用账户进行分析，提出建议。

5）编制有关财务报表，做到准确无误。

6）遵守国家财税法规和财经纪律，维护国家和单位利益，廉洁自律。

二、环境分析

1. 社会形势分析

台州的中小企业很多，对会计人才的需求很大。其中基层的会计人员门槛较低，应聘人员也多，所以竞争相对激烈，供大于求；由于会计工作的特殊性和重要性，企业在招聘财务会计工作人员方面，越来越注重人员的素质、专业技术性以及工作经验。如企业招聘高端的会计人才，很多应聘人员达不到要求而使企业出现供不应求的现象。高端专业人才的巨大缺口，对未来从事会计工作的学生来说是一个巨大的崭新的挑战。我们必须努力学习，掌握知识，积累经验，提升自己的学历和技能。

2. 职业形势分析

会计是专为企业提供会计信息或财务（金融）信息所必需的专业技术技能而设计的

职业，也需要借助其他的文理科造诣，来提高运用这些技能的能力。会计和会计职业主要是审核和诠释数据记载，以便提出建议或做汇报总结。更进一步说，会计会涉及财会系统，对开支汇报及其他金融预算领域提出建议。

因此，我们必须做好应付各种人、各项数据及各类琐事的准备。会计职位上常会孕育出运营的规划和管理的人才，这将是向更高级管理层次迈进的极好机会。由于会计提供的金融（财务）信息的重要性，较高的道德水准是会计员应该具备的最重要的个人素质，其他的品质包括耐心、可靠性、决断力、思维全面性、组织能力、工作导向及一致性。另外，数学、逻辑思维、分析学、应用思维及书面和口头表达方面的天赋将大大提高成功的概率。

3. 家庭环境分析

我出生在一个普通的农村家庭，家庭收入一般，父母识字不多，他们希望我能有一个好工作，他们工作的辛苦深深影响了我，使我知道赚钱的不易，学会了节俭。家中有一个弟弟，父母因常外出，照顾弟弟的责任就落到了我的身上，使我很早就学会了料理一些家务事等，这使我养成了做事认真负责、小心谨慎的态度。

4. 学校环境分析

我们学校北靠太和山，西临台州第一中学，东隔台州万里汽校，环境优美，师资力量雄厚。优美的环境给我们塑造了一个良好的学习氛围。在校我能够认真汲取文化知识和专业知识，在实训室，我们能够很好地进行会计专业技能训练。珠算老师——马珍英，她教会我拨第一颗算珠，领我进珠算的大门，使我享受珠算带给我的欢笑。班主任老师给我们营造了一个欢乐和谐的学习环境，我与班级里的同学关系友好，我们在合作中竞争，在竞争中成长。

学校有学生会、各种社团组织，在这里，我们管理、组织、举办活动，很能锻炼能力。自从我参加了学生会之后，我的胆小、不敢大声说话的毛病有所改进，组织能力、沟通能力、合作能力等都得到了很大的锻炼和提高。社团活动比较丰富，参与实践后，我们不仅能提高自身的胆量，还能增进友谊，收获快乐！

5. 我学习的楷模程社明

程社明，技校毕业，毕业初在药厂当工人，到 38 岁时成为具有药学学士、工商管理硕士、法学硕士研究生以及管理学博士学位的中外合资企业董事、总经理，经历了自学考大学、开发市场、再求学、出国闯天下、回国创业、实践中再学习、学习后重新实践的种种艰苦历练。曾在山东、江苏共同创建 3 家中法德合资企业，任董事。

程社明从一个生产老鼠药的工人，取得今天的成就，我相信他在成功的道路上一定经历过很多坎坷，但他始终坚持学习、求知。他的精神激励着我，当我遇到一些学习上的困难与挫折时，我就会想到程社明从被拒之门外到成为第一名销售人员的经历，他值得我学习的地方实在是太多了，他是我的偶像！

由于没有任何工作经验，因此我要向书本学习、向前辈请教，从中学到更多的专业知识、工作技能以及做人做事的一些方法，我还要多与身边的其他同学交流，因为这样我可以有更大的进步。当然我也要利用业余时间多参加一些社会实践活动锻炼自己，提高自身的综合能力和素质。

三、自我分析

（一）主观评价部分

1. 我的性格分析

我的性格活泼开朗，喜欢交朋友，有强烈的正义感，厌恶恃强凌弱的人；工作认真负责，只要交予我的任务我一定认真负责地完成；与人交往随和谦逊，但说话大大咧咧；对朋友忠实友好，喜欢参与学校里的一些活动，因为学校是一个锻炼自己的地方，参加一些活动不仅能收获快乐，而且能与同学之间增进友谊。

2. 我的兴趣爱好

我喜欢看一些关于历史的书和杂志，喜欢看电视、散步、旅游，经常和朋友打羽毛球、聊天、跳绳等。

3. 全面分析自我

评价项目	优点	缺点
自我评价	活泼开朗，善于沟通	大大咧咧，不够自信
家人评价	诚实友好，待人礼貌	脾气有时太暴躁，易冲动
老师评价	直爽，大胆，热情	做事不够仔细
亲戚朋友评价	耿直，随和，富有同情心	没有耐心，顾虑太多
同学评价	乐观，开朗，豁达	懒惰，缺乏上进心
其他社会关系评价	真诚，明事理	为别人想得太多，自己没看法

4. 我的能力

1）优势：我出生在一个普通的农村家庭，有着吃苦耐劳的品质；我喜欢与人沟通，善于交流；做事认真负责，小心谨慎；对人友好、忠诚。

2）弱势：做事缺乏自信心；不勇敢；有时会杞人忧天；不会充分利用时间。

（二）客观评价部分

1. 通过专业测评，我的性格类型

我的职业性格测试结果：ENFP 型。

ENFP 型的人热情洋溢、富有想象力；认为生活充满很多可能性；能很快地将事情和信息联系起来，然后很自信地根据自己的判断解决问题；灵活、自然、不做作，有很强的即兴发挥的能力，言语流畅。乐观、自然、富有创造性和自信，具有独创性的思想和对可能性的强烈感受。ENFP 型的人不墨守成规，善于发现做事情的新方法，为思想或行为开辟新道路。他们待人热情、彬彬有礼、富有同情心，愿意帮助别人解决问题。他们具有出色的洞察力和观察力，常常关心他人的发展。ENFP 型的人喜欢避免冲突，喜欢和睦。他们把更多的精力倾注于维持个人关系而不是客观事物，喜欢保持一种广泛的关系。

通过职业倾向测试，我的测评结果是：A与B两组分值相同，表明不但能处理琐碎的小事而且能维持良好的人际关系，适合从事包括护士、教师、会计员、图书管理员等职业。

对于以上这些分析，我总结出我适合从事会计这个行业，如出纳、收银员、银行职员、会计等。因此，我也对自己有了很大的信心。

2. 我的价值观

我相信“付出总会有回报”。如果不付出就一定不会有回报。因为我们做事情不是冲着回报去努力的，而是通过尝试各种机会与努力去磨砺自身的人格与能力，量的积累一定会有质的突破！

3. 自我分析小结

我从小就比较独立，自尊心较强，这造就了我较强的适应能力与交际能力。做事力求完美无缺，尽自己最大的努力负责任地做好每一件事。我为人较实在，不喜欢好高骛远，喜欢凭自己的能力去取得成绩。不足之处是为人单纯，社会经验不足。

综合以上分析得出，我所选择的专业与企业的发展需求是吻合的，并且有好的发展趋势。我要拿到相关的证书，积累工作经验，踏实地掌握专业方面的技能，一定能够实现自己的目标。

四、职业生涯规划设计

职业发展路线：会计助理—会计—主办会计—会计主管。

达成目标	完成时间	计划行动
会计从业资格证书	2年	考取会计从业资格证书，以优异成绩毕业，提升自己多方面的能力
会计助理	3～4年	考取初级职称，在某企业从事会计助理工作，与同事友好相处，向前辈学习经验，提高自己
会计	5～8年	考取中级会计职称，继续积累经验，保持良好的人际关系，积极工作，成为会计
主办会计	9～12年	考取高级职称，积累足够的能力，成为主办会计
会计主管	13～15年	考取注册会计师，继续积累经验和能力，成为会计主管

五、目标的具体实施

会计从业资格证书	2年

在校期间，观念上将“要我学”变为“我要学”，脚踏实地学好基础课程，特别是会计课程。在语文、数学、英语以及会计的会考中，以优异的成绩通过；积极主动学习专业课，如会计基础、财务会计、会计电算化、财经法规、会计模拟实务等。除了认真学习专业课外，我还注意将理论与实践相结合。如在基础会计模拟课上，多练习相关方面的技能，如记账、开发票、打字练习、登记总账、练习珠算等，获得珠算四级证书。积极参加学生会活动，增加交流技巧，提高人际交往能力，在活动中提升自己的组织能力、团队合作能力、与人沟通能力以及解决问题能力等。

假期里我会找会计方面的工作实习以磨炼自己，即使无报酬也没有关系，重在能够锻炼能力，增加工作经验。因为现在的用人单位都要求有工作经验。工作中勤快些，多学多问、多向前辈请教，注重养成良好的职业道德和习惯，学会承担责任，学会做人。

毕业前考取会计从业资格证书，养成积极主动做事的习惯，顺利毕业。

会计助理　3～4年

毕业后我会到企业做会计助理工作（杰克集团、星星集团因为熟人推荐的关系，我可以进入这些企业工作）。

在企业里，我会以空杯心态，从零开始，积极主动地做事。遇到不懂的事情，勤问勤做，多向企业里的会计前辈学习会计业务工作，还要了解企业的文化、经营业务等工作，这些对做好会计工作有很大的帮助。

我会主动地了解公司的整个业务流程，掌握企业财务流通情况，学会做财务分析、财务预算。这个时期是提高自己的实务水平、努力赚取经验的时期。我对工资要求并不多，能保证吃住就行。

这段时期我不会考虑跳槽，因为会计行业对工作经验的积累、对人的诚信、责任要求比较高。

这段时期，我会学习与会计相关的理论知识和软件，例如，金蝶、用友、税务和会计等方面知识，参加会计初级职称考试并通过，为以后做会计工作打好基础。

会计　5～8年

我在会计助理的岗位上经过锻炼，成为会计。这时候的我对企业的资金运作有比较深刻的了解。在这基础上，我会更努力地提高自己的能力，为公司做更多的事，创造更多的价值。我会结合企业原料采购、产品销售、办公耗损以及人员开支等情况，积极主动地做好财务分析，为企业的发展决策提供翔实的财务数据。我会积极地为企业各部门做好财务相关工作，保障企业正常有序的经营。

与同事之间保持愉快和谐的工作氛围；与其他企业的财会人员交流，以提升自己的业务能力；结合国内地方出台的最新会计相关法规制度，及时改进会计业务方式，为企业做好成本预算。

我会在专心工作的基础上，自学、训练自己的业务知识与能力，争取考取中级会计职称。所以我不可以浪费时间，要积极、努力地吸收书本上的知识，还有在实务操作这一方面也要更上一层楼，为以后攀向主办会计这个职位打下良好的基础。

主办会计　9～12年

从业多年后，我熟练掌握了财务分析、预算工作，为企业提供财务保障；继续学习财经方面的专业知识，使自己具备系统的财经理论知识及相关法律知识；在企业里继续努力工作，增强自己的工作能力和经验；这个时候的我，已经是企业不可缺少的得力干将。

在企业里面，不仅仅只是完成自己分内的事务，还要多了解其他的事务，增强自己的实力；与各部门保持良好的关系，树立自己专业能干的形象，让同事和领导认可我的能力，觉得把这个工作交给我很放心，为成为财务总监奠定基础。

在企业外面，能得心应手地与工商、税务、银行、保险等部门打交道，人际关系良好，处理事务的能力也很强；这时候我应该有较好的人际关系、较多的朋友，包括政府、税务、银行、律师、企业、财会等领域的工作人员。

凭借自己多年的会计从业经验，加上努力的学习更深的业务知识，考取高级会计师的职称。因为会计师职称是对我的能力的一种认可。

会计主管	13～15 年

在职场历练多年的我，资历、能力、人际关系都不错。遇到合适的机会，我会挑起会计主管这个重担。

我会提升领导财务部门的组织能力，增强协调财务部门与各部门的能力，具备融资和合理安排资金的能力，精通税法、有合理避税的能力等；在企业需要的时候我会处理好各项事务，展示自己的能力，让领导层认可我的能力，使同事们信服，提升我担任会计主管这个职务。

我会继续学习专业知识提升自己的业务能力，考取注册会计师职称。学好外语，学习经济、法律常识，掌握国际业务流程、常识以及国际会计的规则等。总之，我应该不断吸取新知识提高能力，在岗位上不断提升自己。

总结：在实施规划期间，我要记住时时刻刻地学习，不断与各界人士交流，学习最新的业务资讯，争取自己不落伍于时代的潮流。

六、职业生涯规划调整

心中的理想与现实存在一定的差异。我还是一名在校生，缺少社会阅历和工作经验，所以对社会不够了解，俗话说“计划赶不上变化”，影响职业生涯规划与发展的因素诸多。有的变化因素是可以预测的，而有的变化因素难以预测。在此状况下，要使职业生涯规划行之有效，就须不断地进行评估与调整。

具体实施措施为：

如果我不在台州工作，就在外地某城市工作；

如果我不能进杰克、星星集团工作，那我就在其他私营企业工作；

如果我不能够按照原定的期限提升自己，那么我仍然需要积蓄自己的力量，蓄势待发。

如果我所在的企业发生变化，我要适时利用自己的人际关系，及时寻找并加入其他企业，以免发生就业空档现象。

结束语

以上就是我对自己的职业生涯规划，有计划固然是好事，但要做到并不是一件简单的事，不过只要努力就一定会取得好成绩。每个人都有自己的理想，理想的实现要靠自己的努力，不管你的理想有多美好，没有辛勤的汗水都是不可能实现的。美丽的花朵背后是枝叶的风霜雨露，参天大树的下面是纵横交错的根系，成功人士的背后是辛勤的汗水和多少个不眠夜……

所以，我要拼搏、努力、奋斗，为自己的人生勾画出绚丽的蓝图！

附录五　国际贸易专业学生职业生涯规划案例

站得更高　看得更远

规 划 者　李晓青

指导老师　张俊亮

目 录

一、我的人生格言

马云说："今天很残酷，明天更残酷，后天很美好，但绝大多数人都死在明天晚上。"所以我坚信，努力、信念加坚持很重要。

二、前言

灵魂如果没有确定的目标，它就会丧失自己，因为，俗语说得好"无所不在等于无所在。"

我的灵魂有确定的目标吗？以前没有好好思考，现在要慎重规划一下"我将来到底要做什么，怎么做"。何况我一直相信：我会用生命去做自己热爱的事情，它不仅让我快乐，而且让我深深体会到人存在的价值。

我得好好地规划一下自己的将来。

而且我知道，我们无法从一楼蹦到五楼，所以我不能忘记走楼梯。伟大的成功一定不是一蹴而就的，我必须树立我的人生目标，学会分解目标，逐步实施。

三、全方位评估

1. 主观评估

我一直坚信：无论是什么样工作，只要通过自身的刻苦努力，必定可以到达成功的彼岸。

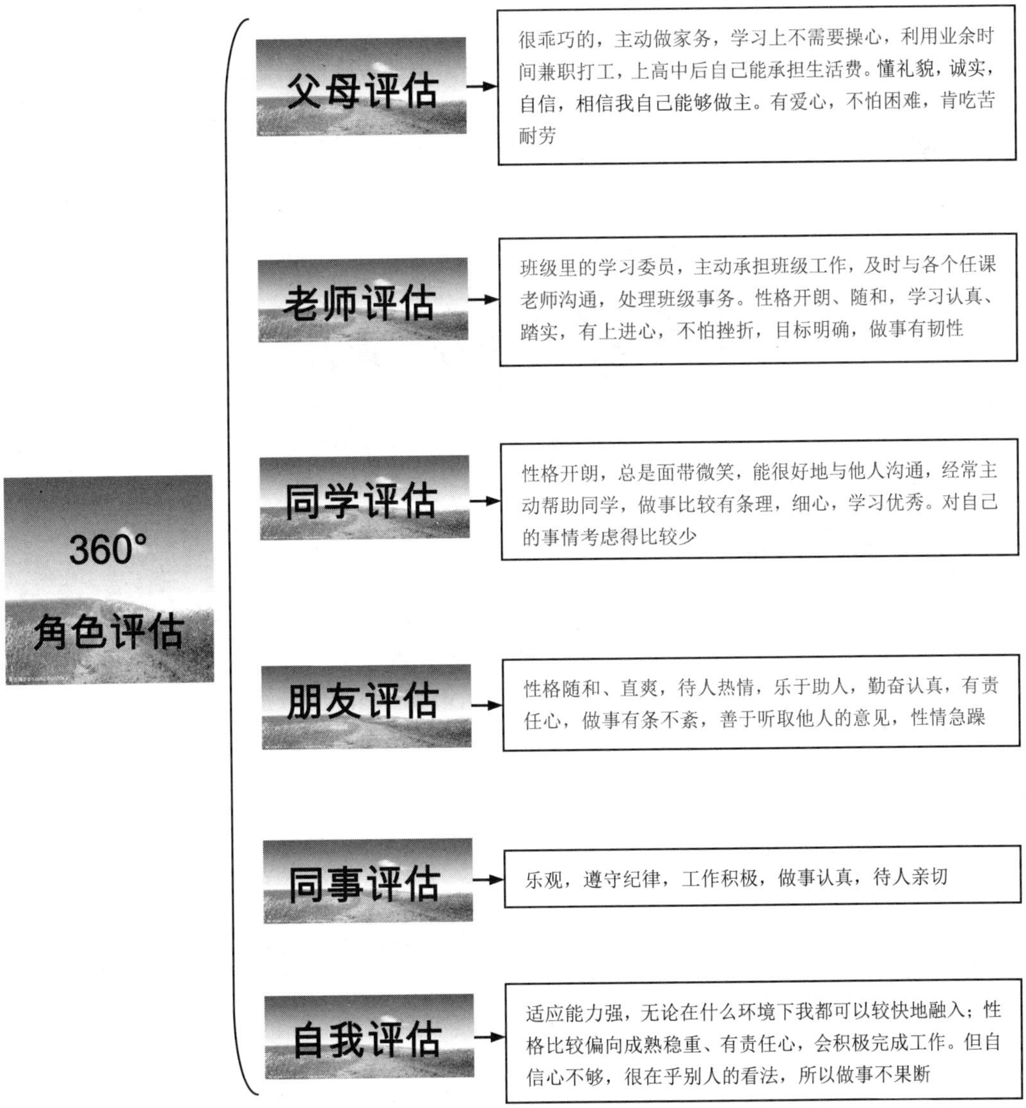

360° 角色评估

父母评估 → 很乖巧的，主动做家务，学习上不需要操心，利用业余时间兼职打工，上高中后自己能承担生活费。懂礼貌，诚实，自信，相信我自己能够做主。有爱心，不怕困难，肯吃苦耐劳

老师评估 → 班级里的学习委员，主动承担班级工作，及时与各个任课老师沟通，处理班级事务。性格开朗、随和，学习认真、踏实，有上进心，不怕挫折，目标明确，做事有韧性

同学评估 → 性格开朗，总是面带微笑，能很好地与他人沟通，经常主动帮助同学，做事比较有条理，细心，学习优秀。对自己的事情考虑得比较少

朋友评估 → 性格随和、直爽，待人热情，乐于助人，勤奋认真，有责任心，做事有条不紊，善于听取他人的意见，性情急躁

同事评估 → 乐观，遵守纪律，工作积极，做事认真，待人亲切

自我评估 → 适应能力强，无论在什么环境下我都可以较快地融入；性格比较偏向成熟稳重、有责任心，会积极完成工作。但自信心不够，很在乎别人的看法，所以做事不果断

2. 客观评估

测试可以帮助我更客观地认识自己.

通过职业倾向测试，我发现自己适合从事具有耐心、谨慎和研究等烦琐的工作以及善于沟通协调方面的工作，如医生、律师、哲学家、业务员等，表明我是一个精深、有一定交往能力的人。

职业价值观测试结果说明，我工作的目的和价值在于不断进行创新，不断取得成就，不断得到领导与同事的赞扬，或不断实现自己想要做的事。希望一起工作的大多数同事和领导的人品较好，相处在一起感到愉快、自然，我认为这就是很有价值的事，是一种极大的满足。

3. 自我评估小结

通过自我主观与客观的分析，我知道自己善于沟通，能说服他人，具有劝说、监督、领导和管理能力，我也注重细节，讲究精确，具备记录和归档能力，适合从事各级领导、管理者、跟单员、业务员或营销员等工作。因为职能匹配，所以我相信自己一定可以胜任工作岗位，并在岗位上有所发展。

四、环境评估

1．家庭环境

“如果人生是一张白纸，父母就是为我画的第一笔。”

我来自安徽巢湖，四口人，父母文化程度不高，靠在外打工谋生，家庭条件不好，父母也没有时间照顾我们。我从小很独立，还要照顾妹妹，我希望以后通过自己的努力能够改变自己的命运，使家庭条件得到改善。父母是老实人，做事踏实细致，我深受他们的影响，不但决定靠自己，也要做好自己。

2．学校环境

学校是培养人才的地方，经验丰富的教师，引导我们遨游在知识的海洋里，在培养我们专业知识和技术能力的同时，还教我们如何做事做人，鼓励我们积极向上、养成良好的心态。班主任说：“你们不仅仅要会做事，还要会做人，因为这将使你们以后的职业生涯走得更加顺利。”

在班级里担任学习委员，做好日常工作与活动，使我学到了很多做人做事的方法，懂得了怎么样与人沟通、合作以及顾全大局等。以前我一直认为学习是最重要的，学校给了我一个全新的理念：学习很重要，技能是以后职业发展的基础，还要养成良好的职业素养和习惯。

我利用寒暑假到企业中锻炼。学校的学习和社会兼职工作为我今后职业的发展打下了良好的基础。

3．社会环境

我国政治稳定，经济持续发展。在世界经济一体化的大趋势下，国内企业走出去，国外企业走进来，跨国贸易持续不断地增长。

随着我国与其他国家经贸往来的日益频繁，精通外语、熟悉国际贸易规则、掌握贸易谈判知识和技巧的专业经贸人才越来越受到企业的重视。入世后的我国，越来越多的企业被批准直接从事对外贸易，这就要求企业的经贸人员不仅具有日常生活所需的听、说、写、译的外语能力，还应懂得国际外贸知识、国际贸易谈判规章和国际经济法律、营销技术、基本的产品专业知识等。总之，当今社会的发展需要大量的国际经济与贸易专业人才，对专门培养该专业人才的院校和学习该专业的学生既提出挑战又给予很大的发展机遇，该专业学生的就业前景广阔，但要求也高。

4．地域环境

宁波自古以来是我国的贸易口岸，这里对外贸易非常频繁，对我以后的对口就业很有帮助，我打算毕业后在这里工作。

宁波的外贸公司非常多，如宁波天绗海威进出口有限公司、天昌国际贸易有限公司、广聚进出口有限公司等，我想我以后能够在这些公司担任行政管理人员、单证员、国际采购助理、营销人员等岗位。

通过咨询，我了解到，到公司工作要具备一定的条件，如：

1）员工应具备良好的英语听、说、读、写、译能力；

2）有一年以上的进出口外贸相关工作经验；

3）能熟练使用办公软件和办公设备；

4）具有良好的协调和沟通能力；

5）能保守秘密，诚实守信，组织纪律性佳；

6）具有良好的团队合作精神等。

这些就是我在工作前必须具备的素质和条件，我要尽快地具备。

5．环境评估小结

环境评估，加深了我对国际贸易行业就职前景的认可；家人对我的支持，学校对我的培养，依托宁波发达的国际贸易区域环境，加上自己的勤奋努力，我相信今后我一定会在国际贸易领域打造出属于自己的一片天空。虽然，贸易行业竞争激烈，对员工要求很高，但我坚信这些不会成为我取得成功路上的阻力，我会披荆斩棘，努力向前，在这条职业道路上留下辉煌的篇章！

五、职业目标的确定

立足实际，结合专业，心怀目标，从行动做起。

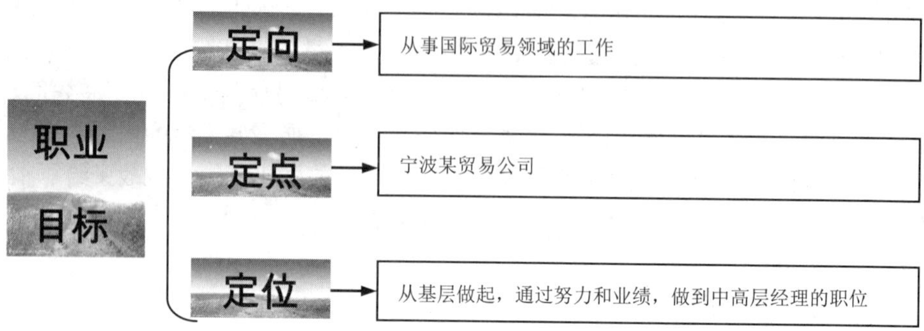

六、实施步骤

中专阶段

时间：2013～2014 年

任务：顺利毕业、考上大学

行动：为迎接高考努力准备，扎实掌握好各科知识，注意理论与实践相结合，兼顾班干部工作，提升综合能力。多练题，多问，考上心仪的高等学校。

大学阶段

时间：2014～2017 年

任务：顺利毕业，培养能力，考取职业资格证书行动：

1）努力学好文化知识和专业知识，争取获得奖学金；通过学校各科考试，考取相关职业资格证书；加强英语口语能力，通过英语四级考试。

2）积极参加社团、学生会等活动，培养自己的组织能力和领导能力。

3）假期去外贸企业实习，积累经验，提高自身工作能力。

职场初期

时间：2017～2019

任务：外贸企业工作，从基层做起、积淀实力

行动：在外贸公司努力工作，掌握工作方法、积淀工作经验，使自己的能力得到展现，为企业作出业绩，获得同事和领导的认可。

不断学习，提升自己的工作实力，同时考取高级工职业资格证书。

职场中后期

时间：2019～2029 年

任务：业务经理

行动：努力在行业中作出业绩，独立接单，签订贸易合同以及拓展客户群。不断提高各方面的工作能力，提高自身的美誉度和信任度，为公司创造更大的业绩。

工作之余，我尝试学日语或韩语。希望在这个阶段通过自己的不懈努力、出色的工作业绩等，晋升为业务经理，年薪达到 30 万元左右。

七、职场生涯自我管理

随着时间推移、环境的变化和周围圈子的影响，未来的职场道路发展不一定一帆风顺，不论发生什么变化，我都要根据目标和实际情况相应地作出调整，以责任心以及良好的学习力应对职场变化。

八、结束语

生涯规划使我有了目标、方向，加上科学的实施计划，我相信我就像树的种子，现在还在泥土里，处于吸收泥土养分、积淀实力让自己成长的过程。

只要我不断积淀实力、付出努力，朝着目标努力前进，最终一定长成参天大树。在远处，能被人们看到；走近了，能给人一片绿色。

生活是美好的，工作是美丽的，人生是精彩的。

后　记

我们及周围有很多人不了解职业生涯规划，或者是没有为自己制定明确的职业生涯规划，甚至自己的优势在哪里、适合做什么、该怎么更好地规划职业发展，都不是很清楚。找不到自己的人生定位，这就会使我们在自己的职业生涯发展道路上走一些弯路，导致我们不能在职场道路上顺利地发展并有所建树。不要自信地认为自己最熟悉自己，很多人都是在职场摸爬滚打了几年甚至十几年以后，才认清了自己的方向，找到了真正属于自己的事业。

本书主要从理念入手，围绕如何进行职业生涯规划的步骤和方法进行阐述，目的是帮助学习者树立职业生涯及职业生涯规划的理念，掌握职业生涯规划的方法，以便更好地在职场道路上走得更好、更远。

在此，我们要感谢王学满、郭文斌校长，由于他们的重视、支持和鼓励，促使我们坚定了编写教材的信念；感谢编写组的张俊亮、徐丹、孙丽苹、张文萍、王卫青、俞敏等，她们参与了本书的编写工作，经过反复地修改与论证，最后使得本书顺利定稿。同时希望本书能够帮助更多的人树立职业生涯规划的理念、掌握方法，从而付诸行动，最终在自己的职场道路上取得成功。

本书为了增加可读性、实用性，以一个学生的“职业生涯故事”引入，在“职场航标”中进行职业生涯规划相关知识和技巧的介绍，然后用一个职业生涯规划的案例进行辅助式的说明，最后在“我的职业生涯规划”中让学习者动手填写。若所有“我的职业生涯规划”都完成，即可形成一篇完整的职业生涯规划书。其中，“职业生涯故事”的主人公源自生活中的真实人物，作者在一些环节做了处理。其“职业生涯故事”对广大学生将有一定的启发。

人物背景：王建，男，椒江人，毕业于椒江二中，2013 年 9 月考上椒江职业中专数控专业。由于学习认真，工作积极主动，目前在班级里担任劳动委员。

2014 年 3 月，学校组织全校学生参加职业生涯规划大赛，要求全体学生积极参加，胜出作品将被推荐到台州市，甚至可以参加浙江省文明风采大赛。王建见到通知后，想到自己毕业后要步入职场去谋生存求发展。为今后的职业生涯打下良好的基础，王建认为自己在校期间就应该对未来的职业生涯进行规划。

由于编写时间仓促，编写人员的水平有限，因此本书难免存在一些失误，敬请同行和读者指正，谢谢！